LUC FERRY

MYTHOLOGIE & PHILOSOPHIE

CRÉDITS

LE FIGARO

PROJET DÉVELOPPÉ PAR LE FIGARO
Édité par :
La Société du Figaro
14 bd Haussmann - 75009 Paris - www.lefigaro.fr
Directeur général : Marc Feuillée

Les Éditions de l'Opportun
16 rue Dupetit-Thouars - 75003 Paris
Direction édition : Stéphane Chabenat

Dépôt légal : mars 2015
Achevé d'imprimer en février 2015 sur les presses de l'imprimerie Elcograf S.p.A., via Mondadori 15, Vérone, Italie

ISBN : 978-2-8105-0708-5 (collection)
ISBN : 978-2-8105-0714-6 (volume 6)

Direction de la collection : Anne Evrard
Direction artistique : Philippe Marchand
Responsable projet : Stéphanie de Fonscolombe
Fabrication : Marion de Chalonge
Maquette : Éditions de l'Opportun
Couverture : Olo Éditions, Marion Alfano
Responsable éditoriale : Brigitte de Zélicourt
Mastering : Art & Son
Crédit photos : Gabrielle Ferry, Éditions de l'Opportun

Production de conférence : Sara Yalda
Enregistrement des conférences : Théâtre des Mathurins

MIDAS CONTRE APOLLON

LUC FERRY
MYTHOLOGIE & PHILOSOPHIE

VOLUME 1
L'*Odyssée* ou le « miracle grec »
1L'histoire d'Ulysse est celle d'un homme qui va de la vie mauvaise à la vie bonne. Cette épopée, magnifique, fournira la matrice à la naissance de la philosophie en Grèce.

VOLUME 2
L'*Iliade* et la guerre de Troie
L'héroïsme grec

1L'*Iliade* ne raconte pas la guerre de Troie, mais seulement quelques jours de la dernière année du conflit. Quel est alors le véritable sens de cette œuvre qui met avant tout en scène l'héroïsme grec ?

VOLUME 3
La Naissance des dieux et du monde
D'après la *Théogonie* d'Hésiode

1Comme l'*Odyssée* d'Homère, la *Théogonie* d'Hésiode raconte une histoire qui va du chaos à l'harmonie. Zeus, en instaurant un ordre cosmique harmonieux, va permettre aux humains de trouver le sens de leur vie.

VOLUME 4
Typhon et les Géants
Les puissances chaotiques contre l'harmonie cosmique

1Typhon, personnage essentiel de la mythologie, figure la résurgence sans cesse possible des forces destructrices du chaos, signe que l'harmonie n'est jamais gagnée pour toujours.

VOLUME 5
Prométhée et la boîte de Pandore
La naissance de l'humanité

1Les dieux s'ennuient sur l'Olympe, maintenant que Zeus a instauré un ordre cosmique harmonieux. Ils demandent donc à Prométhée et Épiméthée de créer des mortels pour se distraire...

VOLUME 6
Midas contre Apollon
La bêtise menaçant le cosmos

1Dominé par son avidité et sa cupidité légendaires, Midas demande à Dionysos de lui donner le « toucher d'or », ce qui va menacer l'ordre cosmique tout entier et se retourner contre lui.

VOLUME 7
Les Amours de Zeus
La naissance d'Héraclès et ses 12 travaux

1Ayant besoin d'être secondé dans sa tâche du maintien de l'ordre cosmique, Zeus décide de s'unir à la mortelle Alcmène pour concevoir Héraclès, un héros qui continuera son œuvre sur terre.

VOLUME 8
Mort et résurrection d'Héraclès
La signification du tragique grec

1Héraclès a dû vaincre des résurgences des forces primitives du chaos, mais il n'en est pas moins lui-même un être déchiré. Il incarne à ce titre le héros tragique, voué au malheur et à une mort atroce.

VOLUME 9
Thésée contre le Minotaure
La quête du bonheur, une illusion ?

1Thésée fait partie de ces héros qui poursuivent la tâche impartie par Zeus, maintenir l'ordre cosmique face aux forces du chaos. À la différence d'Héraclès, il parviendra pendant un temps au bonheur.

VOLUME 10
Persée et la Gorgone Méduse
La mort en face

1Persée tranchant la tête de la Gorgone Méduse, voilà qui a donné lieu à une très riche iconographie. Mais peut-on regarder la mort en face sans être pétrifié ? Faut-il l'oublier ou y penser chaque jour ?

VOLUME 11
Jason et la Toison d'or
Le sens de la justice

1 L'épopée des Argonautes en quête de la Toison d'or constitue, avec celle d'Ulysse, le récit d'aventures le plus fascinant de toute la mythologie, dévoilant aussi une certaine conception de la justice.

VOLUME 12
Dionysos, dieu de la fête
La folie au cœur de l'Olympe

1 Dionysos, mélange de Zeus et d'une mortelle, sorti de la « cuisse de Jupiter », est un être étrange qui incarne l'altérité sous toutes ses formes. Pourquoi alors l'avoir installé au cœur de l'Olympe, lieu de l'harmonie par excellence ?

VOLUME 13
Pyrrha, Deucalion, Noé et Gilgamesh
Les mythes du déluge

1Il existe à l'origine trois grands mythes du déluge, pratiquement identiques entre eux jusque dans les détails. Mais leur même trame donne pourtant lieu à trois leçons philosophiques très différentes.

VOLUME 14
Œdipe et son complexe

1Comment expliquer que le destin n'épargne personne, bons et méchants ? Telle est la question à laquelle répond d'abord le mythe d'Œdipe.

VOLUME 15
Antigone
La loi du cœur contre la raison d'État

1Antigone incarne pour l'éternité la révolte de l'individu contre l'ordre établi mais, pour sympathique qu'elle soit, cette révolte est toujours vouée à l'échec dans le monde grec.

VOLUME 16
Sisyphe et Asclépios
Les mythes de la mort

1Sisyphe et Asclépios, en s'attaquant à la mort, menacent de bouleverser l'ordre cosmique instauré par Zeus. L'arrogance et la démesure dont ils ont fait preuve appellent un châtiment terrible...

VOLUME 17
Orphée, Eurydice, Éros, Psyché, Déméter
Les drames de l'amour

1Ces mythes de l'amour contrarié explorent les arcanes de la souffrance des héros, mais aussi les stratégies que ces derniers tentent d'inventer face à la plus douloureuse des épreuves.

VOLUME 18
Tantale, Dédale, Lycaon, Icare, Phaéton
Les mythes de l'orgueil

1L'hybris est aux yeux des Grecs le péché par excellence : certains mythes, dont l'interprétation est particulièrement aisée, le condamnent sans détour.

VOLUME 19
Les Grands Mythes de l'amour
L'Antiquité, le Moyen Âge et nous

1 Tout commence avec l'*Épopée de Gilgamesh*, l'histoire d'une contradiction insoluble entre l'amour et la mort. Et ces histoires d'amour continueront de hanter l'humanité...

VOLUME 20
Mythologie, religion et philosophie
Sagesses d'Orient et d'Occident

1Comment situer les mythes entre religion et philosophie ? Une question complexe mais, à bien des égards, la philosophie est l'héritière de la mythologie et de la religion.

SUR LE CD

1 | Midas et le toucher d'or

2 | Stigmatisation de l'hybris, menace contre le cosmos

3 | Midas, Pan et Apollon

4 | Autre variante du mythe : Marsyas et son aulos contre Apollon

5 | Nietzsche et la tragédie grecque

MIDAS CONTRE APOLLON

LA BÊTISE MENAÇANT LE COSMOS

SOMMAIRE

Il était une fois, dans une région de la Grèce qu'on appelle la Phrygie, un roi dénommé Midas. Il faut l'imaginer dans son palais, un magnifique édifice entouré de forêts profondes. Il porte de somptueux vêtements, tout blancs, et une ceinture d'or, une couronne de fleurs sur la tête, et il est en train de se goinfrer, de boire des cratères de bon vin, de faire la fête, avant de dormir à même le sol, entouré de jeunes filles ravissantes, sa grosse bedaine tournée vers le ciel...

Certains prétendent que Midas était le fils d'un dieu et d'une mortelle. C'est bien possible, mais ce qui, en revanche, est certain, c'est que Midas n'a pas inventé l'eau chaude. C'est un bon vivant, ça c'est sûr, mais pour tout dire aussi, un fieffé crétin. Un peu comme Épiméthée, il réfléchit toujours lentement, « après coup », trop tard. Il agit sans penser et sa bêtise, comme on va le voir, lui joue parfois de bien vilains tours.

À quelques lieues du palais, au plus profond de la forêt qui l'entoure, dans une petite clairière, on aperçoit le cortège habituel de Dionysos, le dieu du vin, de la fête, de la folie et de la musique, un des plus étranges fils de Zeus, mais aussi d'une mortelle, Sémélé, qui va mourir en accouchant. La jeune femme a demandé à son amant royal de se montrer à elle dans toute sa splendeur, sous sa forme divine et non simplement humaine. Zeus refuse d'abord, puis finit par céder, mais il est brûlant et lumineux comme un soleil, de sorte qu'en le voyant la belle Sémélé prend feu et se consume. Pour sauver le bébé qu'elle porte en son sein, Zeus l'arrache au ventre de sa mère, il pratique une large entaille dans sa cuisse, y place le fœtus jusqu'à ce qu'il vienne à maturité (de là l'expression bien connue « Sortir de la cuisse de Jupiter », qui évoque la singulière naissance de Dionysos).

Au centre du cortège, contemplant le spectacle de la fête, on voit le dieu lui-même, le teint basané, un peu le physique d'un Indien de l'Inde, des traits fins, des yeux en amande, mais une peau très brune qui tranche sur la population grecque : il est évident qu'il est ce qu'on appelle dans l'antiquité un « métèque », un étranger. Derrière Dionysos, sa troupe habituelle : des gens avinés, des femmes nues, des couples qui font l'amour en toute impudeur, des animaux écorchés vifs dont les têtes ornent des piques...
Et puis, un peu à l'écart, on aperçoit Silène sur son âne. Silène est un dieu de second rang, une divinité secondaire, mais c'est malgré

CONTEMPLANT LE SPECTACLE DE LA FÊTE, ON VOIT LE DIEU LUI-MÊME, LE TEINT BASANÉ, UN PEU LE PHYSIQUE D'UN INDIEN DE L'INDE, DES TRAITS FINS, DES YEUX EN AMANDE, MAIS UNE PEAU TRÈS BRUNE QUI TRANCHE SUR LA POPULATION GRECQUE

tout un des fils d'Hermès (ou de Pan, selon certaines traditions). Il fait partie du cortège, mais il s'en écarte peu à peu, sans même s'en apercevoir tant il est abruti par l'alcool. Il finit par quitter tout à fait la foule en somnolant. Il s'enfonce dans la forêt en titubant. Il tient un cratère de vin à la main et, manifestement, il est rond comme une pelle à feu. Silène a une tête à effrayer les petits enfants. Il est d'une laideur à peine croyable : vieux, gros, gras, chauve et bedonnant. Son ventre est énorme, une vraie outre. Il arbore un nez monstrueusement écrasé, des lèvres énormes et des oreilles de cheval, poilues et pointues, qui lui donnent un air terrifiant. Mais c'est par ailleurs un être intelligent, un authentique sage. Ce n'est pas pour rien que Zeus

Bacchus et Silène,
fresque du Ier siècle av. J.-C.
British Museum.

lui a confié l'éducation de son fils, Dionysos. Devenu, au fil du temps, l'ami du dieu dont il a été le père nourricier, il a été initié aux secrets les plus profonds qu'il détient et, par-delà les apparences, il est tout le contraire de Midas, tout le contraire d'un imbécile. Donc, Silène s'enfonce dans la forêt et quitte le cortège, il continue à chantonner, à boire son vin. Comme on pouvait s'y attendre, il finit par tomber de l'âne et par sombrer dans le coma. Il ronfle à pleins poumons, son gros bidon tourné vers le ciel.

Des serviteurs du roi Midas, de simples paysans qui passaient par là, aperçoivent le monstre. Mi-terrifiés, mi-curieux, ils s'empressent de

SILÈNE EST D'UNE LAIDEUR À PEINE CROYABLE : VIEUX, GROS, GRAS, CHAUVE ET BEDONNANT. SON VENTRE EST ÉNORME, UNE VRAIE OUTRE. IL ARBORE UN NEZ MONSTRUEUSEMENT ÉCRASÉ, DES LÈVRES ÉNORMES ET DES OREILLES DE CHEVAL, POILUES ET POINTUES

le ligoter à l'aide de solides lianes, pour le conduire aussitôt à leur maître. Pendant qu'on le ligote, Silène se réveille et il se met à hurler : « *Bandes d'imbéciles, sombres crétins, pauvres fous, lâchez-moi immédiatement ! Vous ne savez pas à qui vous avez affaire. Je suis le fils du dieu Pan et le père nourricier de Dionysos. Si vous ne me libérez pas immédiatement, vous allez le payer cher !* »

Eh oui, Silène est bien le fils de Pan et le père nourricier de Dionysos. Mais les paysans pouffent de rire, ils se tiennent les côtes, se donnent des coups de coude et l'un d'entre eux répond à Silène :

« *C'est ça, vieux fou, cause toujours ! Si tu es le fils de Pan et le père nourricier de Dionysos, alors moi je suis le roi de Phrygie, ah ! ah ! ah !* » Et traînant Silène enchaîné, ils l'amènent au palais de Midas et le montrent à leur roi.

Or il se trouve que Midas, qui a lui-même participé à quelques orgies et autres fêtes bien arrosées, reconnaît aussitôt Silène. Et comme il n'ignore rien de ses relations tout à la fois paternelles et amicales avec Dionysos – un des dieux les plus puissants et des plus terribles dont il vaut mieux ne pas s'attirer les foudres –, il tance fermement ses serviteurs et fait aussitôt ôter les liens du vieil ivrogne. Bien plus : dans l'espoir de s'attirer les faveurs du dieu, il célèbre comme il convient l'arrivée de son hôte en lui offrant une fête fastueuse qui ne dure pas moins de dix jours et dix nuits ! On y boit, on y danse comme des fous, et le reste que je vous laisse imaginer... À la suite de quoi Midas demande à Silène, qui est devenu son « nouveau meilleur ami », la permission de le raccompagner lui-même jusqu'au cortège de Dionysos, afin, dit-il, d'être bien certain qu'il ne fera pas à nouveau quelque mauvaise rencontre. En fait, Midas, qui est niais, mais qui ne perd jamais le nord quand il s'agit de ses intérêts, entend bien demander une faveur au dieu de la fête. Midas et Silène se mettent donc en route, traversent la forêt et finissent par rejoindre Dionysos. En voyant Silène, Dionysos l'embrasse, tout heureux de le retrouver. Puis, très reconnaissant, il offre à Midas la faveur de choisir une récompense à son goût. « *Faveur agréable, mais pernicieuse* », selon l'heureuse formule d'Ovide (dont je vais suivre ici pour l'essentiel le récit coloré). Car Midas, encore une fois, n'est pas très futé. En plus, il est avare et plein de concupiscence. De sorte qu'il va abuser – là commence son *hybris*, sa démesure – du cadeau que lui promet Dionysos.

MIDAS, PAN ET APOLLON

LE « TOUCHER D'OR »

Il forme un souhait exorbitant, proprement démesuré, mais tout à fait en rapport avec sa pingrerie : il demande au dieu de faire en sorte que tout ce qu'il touchera se convertisse aussitôt en or. C'est le fameux « toucher d'or ». Dionysos sait déjà que ce souhait est absurde à terme, mortel pour celui qui le fait, mais aussi porteur de tous les dangers pour l'univers, pour l'ordre cosmique établi par son père, Zeus, le cosmos risquant tout simplement d'être profondément modifié par ce don redoutable.

« *Tu es bien certain de ce que tu veux, Midas ?* » tente-t-il de le mettre en garde.

L'autre s'entête dans son *hybris*, mais ce qui est promis est promis, et Dionysos accorde le toucher d'or au vieillard cupide. Fou de joie, Midas quitte la troupe de Dionysos et s'en retourne à pied vers son palais en sautillant d'aise. Bien entendu, il s'empresse d'essayer son nouveau pouvoir : où qu'il pose la main, tout ce qu'il effleure, plante, pierre, motte de terre, liquide ou animal, se transforme sur-le-champ en métal jaune et précieux. Dans un premier temps, l'imbécile est heureux, transporté de plaisir. Comme un enfant, Midas danse, chante, fait des entrechats, il s'amuse sur le chemin du retour vers son palais à changer tout ce qu'il peut en or. Il avise un rameau d'olivier et, hop, les belles feuilles vertes et les olives se colorent d'un fauve orangé tout étincelant. Il ramasse une pierre, une misérable motte de terre, il coupe des épis secs et tout devient lingot, même un petit oiseau qui s'était malencontreusement posé sur une branche que Midas a transformée en or.

« Riche, je suis riche, le plus riche du monde ! » ne cesse de s'exclamer le malheureux qui ne voit encore rien venir de ce qui l'attend. Midas rentre chez lui et s'amuse encore à exercer son nouveau talent. C'est une fois confortablement installé dans son magnifique salon – dont il a évidemment pris soin de transformer au plus vite les murs, les meubles et les planchers en or fin – que les choses se gâtent. Midas ordonne à ses serviteurs qu'on lui serve à boire et à manger. Sa joie

IL FORME UN SOUHAIT EXORBITANT, PROPREMENT DÉMESURÉ, MAIS TOUT À FAIT EN RAPPORT AVEC SA PINGRERIE : IL DEMANDE AU DIEU DE FAIRE EN SORTE QUE TOUT CE QU'IL TOUCHERA SE CONVERTISSE AUSSITÔT EN OR. C'EST LE FAMEUX « TOUCHER D'OR »

l'a mis en appétit. Mais au moment où il saisit sa coupe de vin frais pour se désaltérer, c'est une vilaine poudre jaune, écœurante, qui lui coule dans la bouche. L'or n'est pas bon à boire… Et lorsqu'il s'empare de la cuisse de poulet que lui tend son serviteur, et qu'il commence à la croquer avec entrain, il manque de s'y casser les dents ! Midas commence à réfléchir et à comprendre, mais un peu tard, que s'il ne se débarrasse pas de son nouveau don, il va tout simplement mourir de faim et de soif. Et il commence à maudire tout cet or qui l'entoure, à le détester comme il se met à haïr aussi la bêtise et la concupiscence qui l'ont poussé à agir sans réflexion. Midas se met à gémir et même à pleurer. Il appelle ses filles, mais avant qu'il ait pu les en empêcher, elles se jettent dans ses bras et on voit deux petites statues d'or figées dans leur mouvement.

·MIDAS' DAUGHTER·TURNED·TO·GOLD·

MIDAS COMMENCE À RÉFLÉCHIR ET À COMPRENDRE, MAIS UN PEU TARD, QUE S'IL NE SE DÉBARRASSE PAS DE SON NOUVEAU DON, IL VA TOUT SIMPLEMENT MOURIR DE FAIM ET DE SOIF. ET IL COMMENCE À MAUDIRE TOUT CET OR QUI L'ENTOURE, À LE DÉTESTER COMME IL SE MET À HAÏR AUSSI LA BÊTISE ET LA CONCUPISCENCE QUI L'ONT POUSSÉ À AGIR SANS RÉFLEXION

Midas est désespéré, et même fou d'angoisse. Il se précipite à nouveau en courant dans la forêt, rejoint en toute hâte Dionysos et supplie le dieu de lui retirer son don. Fort heureusement pour lui, Dionysos, qui avait bien sûr tout prévu, est bon prince. Il accepte de lui ôter ce pouvoir qui s'est transformé en malédiction.

Mais avant, Dionysos s'adresse à Midas pour bien lui faire comprendre en quoi consiste sa faute :

« *Soit ! Midas, je vais abolir cette malédiction, mais avant, je veux que tu comprennes ce qui ne va pas chez toi. Que tu aimes la fête, le vin et l'argent, tu sais combien je m'en fiche, moi Dionysos, qui suis le dieu des libations et des excès en tout genre. Que tu sois glouton et grippe-sou, je m'en moque ! Ce qui me gêne, en revanche, c'est qu'avec ce toucher d'or tu menaces tout simplement l'ordre cosmique que mon père, Zeus, a si péniblement instauré. Ne vois-tu pas qu'en transformant le vivant en matière inanimée tu risques de tout détruire, de tout abîmer ? Ne vois-tu pas que ton pouvoir est illimité, qu'il peut corrompre peu à peu tout l'univers, que tu as péché par hybris, par une démesure folle ?* »

Le roi Midas avec sa fille, illustration du livre de Nathaniel Hawthorne *Une merveille pour les garçons et les filles*, 1893.

Imaginons, en effet, que Midas parcoure le monde : peu à peu, la planète se transformerait en boule d'or, les forêts passeraient du vert au doré, les mers et les montagnes de même, emportant dans ce mouvement irrépressible tous les êtres vivants et les transformant en objets inanimés. Midas acquiesce, tout penaud...
Magnanime, Dionysos lui indique alors comment procéder pour perdre ce fichu toucher d'or qu'il a si bêtement désiré :
« *Pour te débarrasser de ton fléau, il faut que tu ailles jusqu'au fleuve Pactole, qui travers la Phrygie. Quand tu y seras, tu remonteras le cours jusqu'à la source, puis tu te baigneras dedans tout entier, de la tête au pied, ce qui te permettra de te laver à la fois de ton or et de ta bêtise. Allez, va, et ne pèche plus...* »
Tout meurtri, Midas s'en va et on le voit remontant le fleuve et se plongeant dans sa source. Quand il a fini ses ablutions, on s'aperçoit que le fleuve charrie des quantités impressionnantes de pépites d'or : de là vient l'expression « Toucher le pactole », qui signifie gagner une grosse somme d'argent.
Voici comment Ovide, qui est ici, comme je vous l'ai dit, la principale source, décrit la scène (c'est d'abord Dionysos qui s'adresse à Midas) :

« "Tu ne peux pas rester enduit de cet or que tu as si imprudemment souhaité. Va-t'en vers le fleuve voisin de la grande ville de Sardes et, en remontant son cours entre les hauteurs de ses bords, poursuis ta route jusqu'à ce que tu arrives à l'endroit où il prend naissance ; alors, quand tu seras devant sa source écumante, là où il jaillit en flots abondants, immerge ta tête sous les eaux ; lave en même temps ton corps et ta faute". Le roi, docile à cet ordre, se plonge dans la source ; la vertu qu'il possède de tout changer en or donne aux eaux une couleur nouvelle et passe du corps de l'homme dans le fleuve. Aujourd'hui encore,

Midas et un comparse (ou deux comparses du roi Midas) tendant une embuscade à Silène, face A d'une amphore attique à figures noires. Vers 510 av. J.-C.

pour avoir reçu le germe de l'antique filon, le sol de ces campagnes est durci par l'or qui jette ses pâles reflets sur la glèbe humide. »

Nous reviendrons plus loin sur la nature et la signification exactes de la « faute » commise par Midas. A-t-il seulement péché par cupidité, par concupiscence, comme on le dira plus tard, dans la tradition chrétienne, ou, plus profondément, par *hybris*, par démesure, comme tout l'arrière-fond grec de ce mythe invite à le penser ? Et si tel est bien le cas, où se situe au juste la démesure de Midas et en quoi menace-t-elle vraiment l'ordre cosmique et divin instauré par Zeus ?

Mais poursuivons encore le récit, avant de revenir à ces questions fondamentales. Car la suite va, elle aussi, les éclairer.

UN AN PLUS TARD... COMMENT MIDAS REÇOIT DES OREILLES D'ÂNE LORS D'UN CONCOURS DE MUSIQUE ENTRE LA FLÛTE DE PAN ET LA LYRE D'APOLLON

On retrouve Midas en pleine forêt. Il n'est plus paré comme un roi, mais plutôt habillé comme un paysan. Il a les cheveux en bataille, porte des vêtements pas très propres, il n'est pas très bien rasé : attention, ce n'est pas un clochard, mais pas un roi non plus, plutôt un bouvier pauvre, pour ne pas dire un homme des bois. C'est qu'en apparence au moins Midas s'est calmé après la claque prise avec son désastreux « toucher d'or ». Il semble enfin devenu plus humble, presque modeste. Loin des fastes et du luxe qu'il espérait de son or, il vit retiré dans la campagne. À l'écart de son palais somptueux, il se contente d'une vie rustique et simple, dans les champs et les prairies qu'il aime parcourir seul ou, parfois, en compagnie de Pan, le dieu des bois et des bergers.

Pan ressemble à Silène et aux Satyres. C'est dire qu'il est, lui aussi, d'une laideur, au sens propre du terme, épouvantable : ceux qui l'aperçoivent en sont saisis d'épouvante, glacés d'horreur par cette peur qu'on nomme justement « panique » à partir de son nom, comme pour lui rendre un bien négatif hommage. D'abord, il est mi-homme, mi-bête : tout velu, cornu et biscornu, il arbore les cornes et les jambes, ou plutôt les pattes, d'un bouc. Son nez est écrasé, comme celui de Silène, son menton proéminent, ses oreilles gigantesques et poilues comme celles d'un cheval, ses cheveux hérissés et sales comme ceux d'un clochard. On prétend parfois que sa propre mère, une nymphe, fut si terrorisée le jour de sa naissance qu'elle l'abandonna. Il aurait été recueilli par Hermès, qui l'aurait conduit sur l'Olympe pour le montrer aux autres dieux – lesquels auraient littéralement hurlé de rire, amusés au dernier degré par tant de laideur. Séduit par ses difformités, Dionysos, qui aime par principe tout ce qui est étrange, différent, aurait alors décidé d'en faire plus tard l'un de ses compagnons de jeux et de voyages…

Prodigieusement fort et rapide, Pan passe le plus clair de son temps à poursuivre les nymphes, mais aussi les jeunes garçons dont il tente par tous les moyens d'obtenir les faveurs. Ici ou là, on voit Pan et Midas s'amusant à faire peur aux amoureux qui s'égarent dans la forêt, courant après les jeunes filles et leur faisant la fameuse peur panique.

EN APPARENCE AU MOINS MIDAS S'EST CALMÉ APRÈS LA CLAQUE PRISE AVEC SON DÉSASTREUX « TOUCHER D'OR ». IL SEMBLE ENFIN DEVENU PLUS HUMBLE, PRESQUE MODESTE. LOIN DES FASTES ET DU LUXE QU'IL ESPÉRAIT DE SON OR, IL VIT RETIRÉ DANS LA CAMPAGNE

Ne croyez pas qu'ils soient toujours de joyeux drilles. Ce sont aussi des êtres dangereux, pour tout dire, des violeurs. Ce fut d'ailleurs au cours d'une de leurs poursuites coutumières que la petite nymphe Syrinx, en hommage à laquelle Debussy composera un ravissant morceau pour flûte solo, trouva la mort : un jour que Pan poursuivait Syrinx, elle préféra se donner la mort en se jetant dans un fleuve plutôt que de céder à ses avances. Syrinx se transforma alors en roseau sur la rive, et Pan, s'emparant de la tige encore toute frémissante, en aurait fait une flûte, son instrument fétiche, la fameuse « flûte de Pan » dont on joue encore de nos jours.

UN JOUR QUE PAN POURSUIVAIT SYRINX, ELLE PRÉFÉRA SE DONNER LA MORT EN SE JETANT DANS UN FLEUVE PLUTÔT QUE DE CÉDER À SES AVANCES. SYRINX SE TRANSFORMA ALORS EN ROSEAU SUR LA RIVE, ET PAN, S'EMPARANT DE LA TIGE ENCORE TOUTE FRÉMISSANTE, EN AURAIT FAIT UNE FLÛTE

On voit souvent le dieu Pan, comme Silène et les Satyres, en compagnie de Dionysos, dansant comme un démon, faisant la fête et buvant du vin jusqu'au délire : c'est dire que ce dieu-là n'a rien de « cosmique ». Comme toujours dans les mythes, même ceux qui semblent les plus anodins, les moins profonds en apparence, la question cosmologique reste présente. Clairement, Pan n'est pas un artisan de l'ordre, mais plutôt un fervent amateur de tous les désordres. C'est un être chaotique, un petit dieu qui appartient d'évidence à la lignée des forces du chaos, de l'altérité, de l'étrangeté, au point que certains récits n'hésitent pas à en faire un fils d'*Hybris*, la déesse de la démesure. Où l'on pressent que Midas, du moins si l'on en juge par ses fréquentations, ne s'est peut-être pas autant assagi qu'il pouvait y paraître. D'autant que sa bêtise et sa lenteur d'esprit restent bien ancrées dans sa pauvre tête comme va le montrer l'histoire qui suit.

Un jour que Pan joue de sa fameuse flûte pour essayer de charmer quelques jeunes filles, le dieu se laisse aller, comme il est courant dans ce genre de circonstance, à la vantardise. Tout content de lui et de son nouvel instrument, il décrète que son talent de musicien surpasse, et de loin, celui d'Apollon lui-même (dont il faut rappeler qu'il est aussi le dieu de la musique, mais comme on va le voir aussi, pas de la même musique que Dionysos). Et n'y tenant plus, au comble de l'*hybris*, il

Le Jugement de Midas, atelier de Jacob Jordaens (1593-1678), huile sur toile.

va jusqu'à défier ce seigneur de l'Olympe. Il hurle vers le ciel qu'il est le plus grand musicien et, du haut de la montagne divine, Apollon s'irrite d'entendre ce monstre prétentieux le défier. Il descend sur terre, bien décidé à le remettre à sa juste place, à lui donner une fameuse leçon. Il le retrouve donc dans la forêt et il le défie à son tour.
Un concours est aussitôt organisé, entre la lyre d'Apollon et la flûte de Pan. Il faut savoir que la table de la lyre, un instrument qui a été offert à Apollon par son petit frère, Hermès (je vais y revenir dans quelques instants et vous raconter aussi cette histoire pleine de sens), est faite d'une carapace de tortue à l'intérieur de laquelle on a tendu

des cordes. C'est donc un instrument avec lequel on peut réaliser des accords, donc un instrument qui émet des notes justes et précises, bien distinctes les unes des autres, mais qui peuvent justement pour cette raison s'accorder entre elles pour former une musique qu'on pourrait dire « cosmique », le contraire exact de la musique « chaotique », rauque et sensuelle, qui émane de la flûte de Pan dont les sons s'enchaînent entre eux dans une espèce de continuum au sein duquel, comme dans le chaos initial, tout est « *apeiron* », indéfini, rien n'étant bien distinct, bien individualisé. **Voyez ici encore que, comme toujours dans les mythes, la confrontation entre cosmos et chaos, entre ordre et désordre, identité et différence, harmonie et altérité, est toujours présente, au moins en arrière-fond, même là où on ne l'attendrait pas.**

Et c'est Tmolus, une divinité de la montagne – en fait, Tmolus est la montagne elle-même, un dieu-montagne doué de la parole –, qui est pris comme lieu du concours tandis que Midas est choisi comme juge-arbitre.

Pan commence à souffler dans son instrument, une flûte à six ou sept tuyaux taillés, comme on l'a dit, dans un roseau : les sons qui en sortent sont rustiques, sensuels, brutaux, à l'image de celui qui en joue. On peut y trouver du charme, bien sûr, mais un charme brut, pour ne pas dire bestial : le son que le souffle fait sortir des tuyaux de roseau ressemble à celui que le vent en tire dans la nature. Il y a là une assemblée d'auditeurs qui applaudissent, mais modérément, un peu gênés par cette musique étrange. Alors Apollon entre au milieu du cercle, prend la place de Pan et s'empare de sa lyre. C'est un instrument très sophistiqué, délicat et, comme je vous ai dit, il est doux, harmonieux, le contraire de ce que l'assemblée vient d'écouter. La

lyre exploite avec une précision mathématique les relations entre la longueur des cordes et leurs tensions respectives, assurant une parfaite justesse des sons et de leurs rapports. La musique d'Apollon, contrairement à celle de Pan, est un symbole de l'harmonie que Zeus a instaurée à l'échelle de l'univers. C'est un instrument civilisé, à l'opposé du côté sauvage de la flûte, la séduction qu'il suscite est toute pétrie de douceur.
Tout le monde, bien sûr, applaudit Apollon, tout le monde, si je puis dire, « vote » pour lui... moins une voix ! Celle de Midas, évidemment. Au moment où le dieu de la montagne, Tmolus, s'apprête à donner

LA MUSIQUE D'APOLLON, CONTRAIREMENT À CELLE DE PAN, EST UN SYMBOLE DE L'HARMONIE QUE ZEUS A INSTAURÉE À L'ÉCHELLE DE L'UNIVERS. C'EST UN INSTRUMENT CIVILISÉ, À L'OPPOSÉ DU CÔTÉ SAUVAGE DE LA FLÛTE, LA SÉDUCTION QU'IL SUSCITE EST TOUTE PÉTRIE DE DOUCEUR

l'ordre qu'on remette les lauriers à Apollon, ce gros balourd entre en scène et fait entendre, au sein du concert de louanges qui entoure le dieu de la musique civilisée, une opinion à proprement parler dissonante. Désormais habitué à la vie des forêts et des campagnes, ami de Pan, Midas déclare haut et fort préférer, et de loin, le son guttural de la flûte aux harmonies délicates de la lyre. Malheur à lui ! On ne défie pas Apollon impunément et, comme toujours dans ces cas-là, le châtiment va tomber, en rapport avec la nature du « crime » commis par l'infortuné Midas : il a péché tout à la fois par l'ouïe et par l'intelligence, c'est donc par les oreilles et par l'esprit qu'il sera puni.

Voici comment Ovide a décrit toute cette scène, toujours dans ses *Métamorphoses* (le récit commence après que Midas se soit[1] débarrassé de son fameux toucher d'or) :

« Midas, dégoûté de la richesse, préférait à tout les forêts et les champs, et le dieu Pan qui a pour séjour ordinaire les antres des montagnes. Mais son intelligence était demeurée épaisse et sa sottise allait lui être fatale encore une fois. Dominant une vaste étendue de mer, le Tmolus dresse à une grande hauteur sa cime escarpée et il allonge ses deux flancs, d'un côté jusqu'à Sardes, de l'autre jusqu'à l'humble Hypaepa. Là, Pan vantait aux jeunes nymphes son talent musical et modulait des airs légers sur ses roseaux enduits de cire. Il eut alors l'audace de dire avec mépris que les accords d'Apollon ne valaient pas les siens. Soumettant le débat au Tmolus, il engagea une lutte inégale. Le vieillard pris pour juge s'assied sur sa montagne et il écarte de ses oreilles les arbres de la montagne. Seulement les feuilles de chêne couronnent sa chevelure foncée tandis que des glands pendent aux méplats de ses tempes. Puis, regardant le dieu des troupeaux, il déclare que le juge est prêt. Pan fait résonner sa flûte rustique, dont la sauvage harmonie charme Midas alors présent à côté du musicien. Lorsque Pan a terminé, le dieu du Tmolus se tourne vers Phébus : la forêt qui l'entoure suit les mouvements de son visage. Phébus, dont la tête blonde est couronnée d'un laurier cueilli sur le Parnasse, balaie la terre de sa robe, teinte dans le pourpre de Tyr. Sa lyre, sertie de

1. Je précise, à l'intention des cuistres, que c'est volontairement que je mets un subjonctif derrière cet « après que », bravant en pleine connaissance de cause la pseudo-règle selon laquelle on devrait toujours utiliser l'indicatif dans ce cas de figure, tandis que le subjonctif devrait suivre nécessairement « avant que ». Ce précepte témoigne seulement, comme l'ont montré les travaux du linguiste Paul Guillaume auquel je renvoie mon lecteur, d'une totale méconnaissance du sens profond du subjonctif.

ON NE DÉFIE PAS APOLLON IMPUNÉMENT ET, COMME TOUJOURS DANS CES CAS-LÀ, LE CHÂTIMENT VA TOMBER, EN RAPPORT AVEC LA NATURE DU « CRIME » COMMIS PAR L'INFORTUNÉ MIDAS : IL A PÉCHÉ TOUT À LA FOIS PAR L'OUÏE ET PAR L'INTELLIGENCE, C'EST DONC PAR LES OREILLES ET PAR L'ESPRIT QU'IL SERA PUNI

pierreries et d'ivoire de l'Inde, est posée sur sa main gauche. L'autre tient le plectre. Rien qu'à son attitude, on décèle aussitôt un maître de l'art. Alors son pouce habile fait vibrer les cordes et, ravi de la douceur de ces accords, Tmolus invite Pan à reconnaître que la cithare a vaincu les roseaux. La sentence rendue par le dieu de la montagne est approuvée par tous. Il n'est pour l'attaquer et la déclarer injuste que le seul Midas. Le dieu de Délos ne veut pas que des oreilles si grossières conservent la forme humaine : il les allonge, les remplit de poils gris. Il en rend la racine flexible et leur donne la faculté de se mouvoir en tout sens. Midas a tout le reste d'un homme. Il n'est puni que dans cette partie de son corps. Il est coiffé des oreilles de l'âne aux pas lents… »

Où l'on comprend bien que les oreilles d'âne dont Apollon affuble le malheureux Midas en guise de punition symbolisent tout à la fois la bêtise, le manque de goût musical, mais aussi l'incapacité à reconnaître la valeur de l'harmonie véritable dans un monde qui pourtant repose tout entier sur elle depuis que Zeus a terrassé les forces du chaos. Comme toujours dans les mythes, le châtiment est directement en rapport avec le crime commis.

LES OREILLES D'ÂNE DONT APOLLON AFFUBLE LE MALHEUREUX MIDAS EN GUISE DE PUNITION SYMBOLISENT TOUT À LA FOIS LA BÊTISE, LE MANQUE DE GOÛT MUSICAL, MAIS AUSSI L'INCAPACITÉ À RECONNAÎTRE LA VALEUR DE L'HARMONIE VÉRITABLE DANS UN MONDE QUI POURTANT REPOSE TOUT ENTIER SUR ELLE DEPUIS QUE ZEUS A TERRASSÉ LES FORCES DU CHAOS

Bien entendu, avec ses nouvelles oreilles, Midas est mort de honte. Il ne sait plus quoi faire pour dissimuler aux yeux du monde le ridicule dont il est désormais porteur – ridicule qui le désigne aux autres non seulement comme un être dénué d'oreille, de sens musical, mais aussi comme un imbécile, qui n'a pas plus d'esprit qu'un âne aux pas lents. Midas fait tout ce qu'il peut pour voiler ses nouveaux attributs sous des coiffes diverses, des bonnets, des bandeaux, des couronnes, bref, des couvre-chefs variés dont il s'entoure rageusement la tête. Mais, pas de chance, ça dépasse toujours ! En plus, il y a au moins une personne qui s'en aperçoit : son coiffeur qui ne peut s'empêcher de lui faire la remarque, mi-étouffant un rire, mi-effrayé :
« *Majesté, mais que vous arrive-t-il ? On dirait que vous avez des oreilles d'âne !* »
Mal lui en prend, car Midas ne brille pas non plus par la gentillesse : il lui fait aussitôt le serment que si d'aventure il lui arrivait de dévoiler à autrui ce qu'il vient de découvrir, il sera mis aussitôt au supplice :

Le Jugement de Midas, fresque reproduite sur une tapisserie, par Domenico Zampieri (1581-1641).

on lui ouvrira le ventre et on donnera ses entrailles à dévorer aux chiens Le malheureux coiffeur est tétanisé d'angoisse. On le voit qui se pince les lèvres quand on lui demande des nouvelles du roi Midas, son illustre client, qui fait tout pour conserver le calamiteux secret par-devers lui. Mais en même temps, il brûle d'envie de le raconter à ses amis, à sa famille. Parfois, il commence une phrase de trop, puis il se reprend, et il tremble à l'idée qu'un jour, par inadvertance, peut-être même pendant son sommeil, un mot pourrait lui échapper. Pour se décharger du fardeau, il a une idée : « *Je vais,* se dit-il, *creuser une grande fosse dans la terre, puis je confierai mon secret aux profondeurs du sol que je reboucherai aussitôt. Ainsi je serai débarrassé de ce poids trop lourd pour moi.* » Aussitôt dit, aussitôt fait. Notre coiffeur va trouver un coin à l'écart de la ville. Il creuse la terre, frénétiquement, puis il crie et même hurle de toutes ses forces son message dans le trou : « *Ce gros imbécile de Midas a des oreilles d'âne !* » et il répète la phrase tant qu'il peut. Enfin, il rebouche soigneusement le tout et piétine la terre avant de s'en retourner chez lui le cœur enfin léger, soulagé du fardeau. Mais au printemps, on voit une épaisse forêt de roseaux pousser sur le sol fraîchement remué. Ils s'agitent joliment sous la brise. Lorsque le vent se met à souffler plus fort, on entend une voix formidable qui s'élève et qui enfle et qui hurle dans toute la Phrygie à qui veut l'entendre : « *Le roi Midas a des oreilles d'âaaane, le roi Midas a des oreilles d'âaaane…* » Et on voit Apollon qui rigole avec sa lyre, du haut de l'Olympe d'où il a évidemment tout vu…

LA SIGNIFICATION COSMOLOGIQUE DU MYTHE

Et voilà comment Midas a été puni par Apollon de son manque de discernement. Vous me direz peut-être qu'on ne voit pas bien le lien entre ce qui ressemble davantage à un fabliau du Moyen Âge qu'à un mythe grec, et une éventuelle menace que ce pauvre Midas aurait fait peser sur l'ordre du monde, sur le fameux cosmos instauré par Zeus. Certes, il a défié un dieu, et même l'un des principaux, puisque Apollon, divinité de la musique et de la médecine, est l'un des Olympiens. Mais enfin, il ne s'agissait après tout que d'une affaire de goût où chacun a bien le droit de dire ce qu'il pense, et si Apollon a été blessé, il semble que ce soit plus dans son amour-propre, voire sa vanité que dans son rôle de gardien du temple cosmique. Du coup, sa réaction paraît bien excessive, pour ne pas dire un peu ridicule.

Cette impression ne tient cependant que si on ne prête pas attention aux détails de l'histoire, qu'on se contente de la juger d'un point de vue moderne, marqué par la tradition chrétienne. Car à y regarder de plus près, il en va ici, comme à l'issue du combat de Zeus contre Typhon, d'une discipline, la musique, avec laquelle on ne plaisante pas : elle met en jeu directement notre rapport à l'harmonie du monde. Comme je l'ai suggéré, la lyre est un instrument gracieux, qui peut faire entendre des accords de plusieurs notes bien distinctes grattées ensemble d'un trait de la main, tandis que la flûte, qui ne peut jouer qu'une seule note à la fois, fait entendre en revanche des « glissando », passant d'une note à l'autre de façon pour ainsi dire « chaotique », continue, en quoi elle n'est jamais harmonique, mais toujours seulement mélodique : avec la lyre, comme avec une guitare, on peut accompagner son chant, et même si les Grecs ignorent l'harmonie au sens où vont l'entendre des compositeurs modernes comme Rameau ou Bach, ils commencent à mettre malgré tout plus ou moins en consonance entre eux des sons bien nettement différents, tandis qu'avec la flûte l'harmonisation de la diversité se fait dans un flou artistique au sein duquel rien n'est vraiment identifiable, où tout est, comme je vous l'ai dit, « *apeiron* », sans délimitation bien précise.

Sous l'apparence d'une compétition seulement musicale se joue en vérité l'opposition cardinale de deux mondes, celui d'Apollon, civilisé, cosmique et harmonieux, et celui de Dionysos, dont Pan est un proche, un univers d'ivresse chaotique, indistincte et désordonnée comme ses fêtes qui peuvent tourner d'une seconde à l'autre à l'horreur. Car dans les fameuses « Dionysies » ou « Bacchanales » qu'organisent Dionysos et les siens – c'est ainsi qu'on nommera plus tard, chez les Latins, les fêtes dionysiaques, lorsque le dieu grec aura été remplacé par Bacchus –, il arrive que les femmes qui entourent le dieu, les « Bacchantes », se livrent à des orgies qui dépassent l'entendement : sous l'emprise du délire dionysiaque, elles poursuivent de jeunes animaux et les déchiquètent vivants, les dévorent tout crus et, parfois, ce ne sont pas seulement des animaux à qui elles font subir les pires abominations, mais des enfants, voire des adultes, comme Penthée, ce roi de Thèbes qui finira déchiré par leurs griffes et dévoré par leurs dents. Pour bien mesurer combien l'opposition de ces deux univers, celui cosmique d'Apollon, et celui chaotique de Dionysos, peut être brutale, il faut se reporter à une variante plus dure de ce même concours de musique : celle qui met en scène le supplice atroce du malheureux Marsyas.

« SOUS L'APPARENCE D'UNE COMPÉTITION SEULEMENT MUSICALE SE JOUE EN VÉRITÉ L'OPPOSITION CARDINALE DE DEUX MONDES, CELUI D'APOLLON, CIVILISÉ, COSMIQUE ET HARMONIEUX, ET CELUI DE DIONYSOS, DONT PAN EST UN PROCHE, UN UNIVERS D'IVRESSE CHAOTIQUE, INDISTINCTE ET DÉSORDONNÉE

UNE VARIANTE DU MYTHE : MARSYAS CONTRE APOLLON

L'ATROCE SUPPLICE DE MARSYAS : LA VICTOIRE D'APOLLON ET DES MUSES SUR LA MUSIQUE CHAOTIQUE DES SATYRES

Ce mythe est tout simplement un analogue de celui que je viens de vous conter, à ceci près que c'est ici un Satyre, Marsyas (ou un Silène : peu importe à vrai dire, car ces deux types d'être qui appartiennent au cortège de Dionysos sont à peu près semblables, caractérisés tous deux par une laideur qui n'a d'égale que leur appétit sexuel) –, c'est donc ici Marsyas qui joue le rôle du compétiteur d'Apollon. Or Marsyas, comme Pan, passe lui aussi pour être l'inventeur d'un instrument de musique, l'« *aulos* », une espèce de hautbois à deux tuyaux. Si l'on en croit le poète grec Pindare, qui est le premier à évoquer cette histoire, dès le Ve siècle avant J.-C., ce serait la déesse Athéna elle-même qui aurait conçu et fabriqué l'*aulos*[2]. Et la manière dont elle en eut l'idée, puis finalement le rejeta, mérite d'être racontée : elle indique assez combien le son « chaotique » de la flûte est maudit aux yeux des divinités cosmiques. Toute l'affaire commence avec la mort de Méduse.

Il existait, selon la légende, trois êtres particulièrement étranges et maléfiques, les Gorgones. Leur aspect était épouvantable, pire encore que celui de Pan, des Silènes et des Satyres : leur chevelure était tressée de serpents, d'affreuses défenses de sanglier leur sortaient de la bouche, leurs mains griffues étaient en bronze et elles portaient sur le dos des

2. Dans son poème intitulé *Pythiques*, strophe 12, vers 6-8.

ailes d'or qui leur permettaient de rattraper leurs proies à une vitesse foudroyante. Pire que tout, elles pouvaient changer en statue de pierre quiconque avait le malheur de croiser leur regard. C'est pourquoi, d'ailleurs, on appelle encore aujourd'hui « Gorgones » ces plantes marines qui se dressent toutes droites dans l'eau comme si elles avaient été pétrifiées par les yeux funestes d'un de ces trois monstres. Or ces trois sœurs, bien que terrifiantes pour les humains, s'aimaient tendrement. Deux d'entre elles étaient immortelles, mais la troisième, du nom de

AUTANT DIRE QUE CET INSTRUMENT VOIT LE JOUR DANS DES CIRCONSTANCES CLAIREMENT CHAOTIQUES, AUX ANTIPODES DE L'HARMONIE ET DE LA CIVILITÉ QUI VONT CARACTÉRISER LA LYRE D'APOLLON

Méduse, ne l'était pas. Elle sera tuée par un héros grec, Persée, dans des circonstances que je vous raconterai aussi dans un prochain livret, et, selon Pindare, c'est en entendant les sœurs de Méduse hurler de douleur lorsque Persée exhibe la tête coupée de la Gorgone qu'Athéna eut l'idée de la flûte. Autant dire que cet instrument voit le jour dans des circonstances clairement chaotiques, aux antipodes de l'harmonie et de la civilité qui vont caractériser la lyre d'Apollon.

C'est par un autre poète, qui écrit lui aussi au ve siècle avant J.-C., Mélanippide de Mélos[3], que l'on connaît la suite de l'histoire : Athéna, qui n'est pas seulement la déesse de la guerre, mais aussi celle

3. On trouve des échos très brefs (à peine quatre lignes) de cette histoire chez Hérodote (*Enquête*, livre VII, alinéa 26) et Xénophon (*Anabase* chapitre II, alinéa 8), mais en revanche, deux descriptions complètes apparaissent chez Ovide et Hygin.

des arts et des sciences, est toute fière de sa nouvelle invention. Et il y a de quoi. Après tout, ce n'est pas tous les jours qu'on invente un instrument de musique destiné à être joué encore dans tous les pays du monde des millénaires plus tard. Mais, le problème, c'est que quand elle souffle dans son étrange petite flûte à deux tuyaux, ses joues sont ridiculement gonflées et ses yeux exorbités – tous les joueurs de hautbois, qu'ils me pardonnent, conservent encore aujourd'hui les mêmes mimiques étranges que devait avoir Athéna. Ce qui signifie, notons-le encore au passage, que cet instrument rend laid, qu'il casse l'harmonie du visage – second mauvais point « chaotique » pour lui. Héra et Aphrodite, dont on sait qu'elles ne brillent pas par la charité et qui ne ratent jamais une occasion de manifester leur jalousie envers Athéna, apercevant les yeux exorbités et les joues gonflées de la déesse, éclatent ostensiblement de rire. Elles se moquent, tournent Athéna en dérision et se gaussent ouvertement de son visage difforme quand elle souffle dans le malheureux tuyau. Athéna, vexée à mort, s'enfuit et cherche aussitôt un endroit propice pour vérifier l'effet qu'elle produit. Elle court chercher une source claire, une mare ou un lac, pour y contempler le reflet de son visage. Une fois seule, à l'abri du regard des deux méchantes, elle se penche sur l'eau et ne peut, en effet, s'empêcher de constater que, quand elle joue, son visage est déformé au point d'en devenir grotesque. Folle de rage et de dépit, elle lance l'instrument au loin, puis jette un sort terrible à celui qui le trouverait et aurait l'audace de s'en servir.

Or il se trouve que c'est le Satyre Marsyas qui, parcourant les bois comme à son habitude à la poursuite de quelque nymphe, trouve la flûte d'Athéna. Et bien entendu, il tombe sous le charme de cet *aulos* qui lui convient à merveille, lui, l'être chaotique par excellence, disharmonieux à faire peur. Et il s'en sert tant et si bien qu'il finit, comme

Concours musical entre Apollon et Marsyas, Cornelius van Poelenburgh (1594/1595-1667).

Pan dans notre précédent récit, par se croire supérieur à Apollon lui-même au point de le défier dans un concours où il commet en outre l'erreur fatale de prendre les Muses comme arbitre.
Je vous rappelle que les neufs Muses sont des filles de Mnémosyne (ou

d'Harmonie) et de Zeus. Il faut savoir qu'elles sont non seulement, en tant que chanteuses divines, à l'origine de la musique, mais qu'elles sont considérées comme des divinités, non seulement des sons justes, mais tout autant, car c'est tout un, de la pensée juste, c'est-à-dire harmonieuse au sens cosmique du terme. Ce sont elles, par exemple, qui dictent aux souverains les paroles justes qui permettent de réduire les conflits, d'apaiser les querelles, d'éviter les guerres ou de rendre la paix aux hommes qui l'ont perdue. Zeus et les autres Olympiens les écoutent toujours avec bonheur et leurs chants suffisent à apporter la douceur, la paix et la sérénité à ceux qui les entendent. C'est du reste de

LES NEUFS MUSES SONT NON SEULEMENT, EN TANT QUE CHANTEUSES DIVINES, À L'ORIGINE DE LA MUSIQUE, MAIS ELLES SONT CONSIDÉRÉES COMME DES DIVINITÉS, NON SEULEMENT DES SONS JUSTES, MAIS TOUT AUTANT, CAR C'EST TOUT UN, DE LA PENSÉE JUSTE, C'EST-À-DIRE HARMONIEUSE AU SENS COSMIQUE DU TERME

cette vision de la musique que provient le fameux adage selon lequel cet art « adoucit les mœurs » – adage qu'on comprendrait au demeurant assez mal si l'on ne tenait pas compte de sa signification originelle – car il n'est nullement certain que toute forme de musique ait pour finalité ou pour effet d'adoucir quoi que ce soit. *La Chevauchée des Walkyries*, par exemple, tétanisait les nazis et il n'est pas avéré que nos modernes concerts de techno ou de hard-rock soient forcément orientés vers la douceur et l'apaisement des esprits.
Bref, c'est donc bien d'une certaine conception à proprement parler

cosmologique qu'il est question avec les Muses, et ce n'est pas en vain qu'elles sont filles du dieu qui a terrassé les Titans. Il faut cependant noter qu'il existait, selon certaines légendes, deux groupes de Muses, celles de Thrace, qui étaient placées sous l'égide de Dionysos, et celle de Béotie, regroupées au contraire sous la baguette d'Apollon qui dirigeait leurs chants – ce qui laisse penser qu'il existait bien dans l'esprit des Grecs deux types de musique, l'une dionysiaque et chaotique, l'autre apollinienne et cosmique. Nous allons y revenir dans un instant, mais poursuivons d'abord notre récit.

Apollon accepte évidemment le défi que lui lance le Satyre, mais à une condition : que celui qui gagnera pourra faire du vaincu ce qu'il voudra. Apollon, cela va aussi de soi, finit par l'emporter – continuant l'œuvre de Zeus contre Typhon et toutes les forces du chaos : il fait triompher par sa lyre les accords gracieux et délicats produits par l'alliance des sons bien distincts qu'émettent les cordes dont chacune est vouée à une note en particulier. La mélodie de la flûte, rauque et brute, aux sons flous et indistincts, est battue. On notera cependant qu'il l'emporte en montrant qu'il est capable de produire les deux types de musique : retournant sa cithare, il s'en sert comme d'un instrument à vent et prouve aux yeux de tous qu'il sait aussi bien jouer de la lyre que de la flûte – ce que Marsyas ne peut pas faire avec son instrument. Il est en quelque sorte, comme Zeus lui-même, capable d'une maîtrise victorieuse des forces du chaos sous le primat des forces cosmiques.

Mais il ne se contente pas, cette fois-ci, comme il l'avait fait avec Midas, d'une punition, somme toute légère et proportionnée au larcin commis. Il avait prévenu : le vainqueur pourra disposer du vaincu à son gré ! Moyennant quoi Apollon fait pendre le malheureux Satyre par les pieds à un arbre, puis il ordonne qu'on l'écorche vif. Le sang qui jaillit de toute part sera transformé en fleuve et sa peau servira à marquer l'emplacement de la grotte où le cours d'eau prend désormais sa source. Hygin, dans ses fables, résume ainsi toute l'affaire – comme d'habitude, je vous cite ce texte original pour que vous voyez en quels termes exacts on racontait ces mythes encore dans l'Antiquité romaine (j'indique comme toujours aussi mes commentaires entre parenthèses) :

« Minerve (Athéna), **dit-on, fut la première à confectionner une flûte avec de l'os de cerf et vint en jouer au banquet des dieux. Junon** (Héra) **et Vénus** (Aphrodite) **s'étant moquées d'elle car elle avait les yeux tout gris et les joues gonflées, Minerve, ainsi enlaidie et moquée pendant sa prestation, se rendit près d'une fontaine, dans la forêt de l'Ida, se regarda jouer dans l'eau et comprit qu'on s'était moqué d'elle à juste titre. Elle jeta donc là sa flûte et jura que qui s'en emparerait subirait un affreux supplice. L'un des Satyres, Marsyas, berger fils d'Oéagre, la trouva et, à force d'entraînement, obtint de jour en jour un son plus agréable au point de provoquer Apollon et sa cithare en un concours musical. Quand Apollon fut arrivé, ils prirent les Muses pour juges et comme Marsyas repartait vainqueur, Apollon retourna la cithare et ce fut le même son. Et Marsyas ne put en faire autant avec la flûte. Aussi Apollon remit-il Marsyas vaincu à un Scythe qui l'écorcha membre par membre… et son sang donna son nom au fleuve Marsyas. »**

De son côté, Ovide, qui aurait sûrement aimé écrire, s'il vivait encore de nos jours, des scénarios de films d'épouvante, rapporte en ces termes le supplice infligé par Apollon (à nouveau, j'indique mes commentaires entre parenthèses) :

« **Au Satyre qu'il avait vaincu dans le combat de la flûte conçue par la déesse du Triton** (c'est-à-dire Athéna qu'Ovide nomme ainsi en raison de la rivière Triton auprès de laquelle Athéna est censée être née) : **"Pourquoi m'arraches-tu à moi-même ?" demandait celui-ci** (formule qui signifie bien sûr qu'Apollon arrache la peau du Satyre et le sépare ainsi en quelque sorte de lui-même). Et il criait : **"Ah ! Quel est mon repentir ! Ah ! Une flûte ne vaut pas d'être payée si cher !" En dépit de ses cris, la peau lui est arrachée sur toute la surface du corps ; il n'est plus qu'une plaie. Son sang coule de toutes parts ; ses muscles mis à nus apparaissent au grand jour ; un mouvement convulsif fait tressaillir ses veines, dépouillées de la peau ; on pourrait compter ses viscères palpitants et les fibres que la lumière vient éclairer dans sa poitrine. Les faunes rustiques, divinités des bois, les Satyres, ses frères, Olympus** (le père de Marsyas)**… et les nymphes le pleurèrent. Leurs larmes, en tombant, baignèrent la terre fertile… Ainsi est né un fleuve…, celui qu'on appelle Marsyas, le plus limpide de la Phrygie.** »

Comme on le voit, la punition est ici terrible, bien plus atroce que celle infligée à Midas. Les deux histoires, celle de Marsyas où les juges sont des Muses et celle de Pan, où c'est Midas et Tmolus qui tiennent ce rôle, n'en sont pas moins très proches. Au point qu'on les confond souvent[4]. Dans les deux cas, en effet, la musique, art cosmique par excellence, est au cœur du récit et, dans les deux cas encore, on a affaire à un conflit entre un dieu qui défend avant tout l'harmonie cosmique et, de l'autre, des êtres chaotiques, dotés d'instruments rustiques qui ne charment que des esprits mal dégrossis comme ceux de Typhon et de Midas. C'est d'ailleurs dans ce sens qu'Ovide se doit de souligner que Midas, après ses mésaventures du Pactole, ne vit plus que dans les bois, comme Pan, au contact, donc, des réalités les moins civilisées : voilà pourquoi il préfère, comme un âne, les sons rauques et bruts de la flûte de Pan, aux sons harmonieux et doux de la lyre d'Apollon. Il faut dire que cette lyre, dont on tire des accords délicieux, possède toute une histoire. Ce n'est pas un instrument ordinaire, mais, selon un autre mythe qui a été transmis notamment par les *Hymnes homériques*, probablement dès le VIe siècle avant Jésus-Christ, c'est bel et bien un instrument divin[5] : il a été conçu, fabriqué et offert par Hermès lui-même à Apollon au terme d'une aventure assez singulière que je vais vous raconter maintenant…

L'INVENTION DE LA LYRE D'APOLLON PAR HERMÈS (D'APRÈS LES HYMNES HOMÉRIQUES)

Hermès est l'un des fils préférés de Zeus. Le roi des dieux en a même fait son principal ambassadeur, celui qu'il envoie lorsqu'il a un message important à transmettre. Sa mère est une nymphe ravissante, Maïa, l'une des sept Pléiades, qui sont elles-mêmes les filles de Pléioné (comme l'indique leur nom) et du Titan Atlas, ce frère de Prométhée et d'Épiméthée que Zeus a puni en l'obligeant à porter le monde sur ses épaules.

4. D'ailleurs, dans une autre fable, la fable 191, ce ne sont plus les Muses, mais Midas qui devient l'arbitre de la compétition entre Apollon et Marsyas – preuve que, dans l'esprit des mythographes, les deux histoires n'en formaient en vérité qu'une seule : « Le roi Midas fut choisi… à l'époque où Apollon fit un concours de flûte avec Marsyas ou Pan… » Tandis que les uns donnaient « la victoire à Apollon, Midas dit qu'il fallait la donner plutôt à Marsyas. Irrité, Apollon dit alors à Midas : "Celui dont tu as eu l'esprit dans ton jugement, tu en auras aussi les oreilles" et sur ses paroles il lui fit pousser les oreilles d'un âne… » Qu'est-ce qui permet à Hygin de faire le lien entre les deux mythes, celui de Midas et Pan et celui de Marsyas – qu'aucun texte archaïque ne reliait entre eux ? La réponse peut être indiquée simplement : comme dans le processus de la « condensation » dans le rêve selon Freud, ce qui a pu donner à penser que Midas était dans l'affaire, ce sont quatre points de rapprochement : d'abord, la flûte, qu'elle soit de Marsyas ou de Pan, est, à la différence de la lyre d'Apollon, un instrument non harmonique : on peut imiter le son de la voix, du vent dans les arbres, le cris des bêtes sauvages, mais pas en tirer des accords harmonieux ; ensuite, la scène se passe en Phrygie, dont Midas est le roi, et le premier poème à évoquer l'histoire – du moins le premier qui nous reste – à savoir les *Pythiques* (12, vers 6/8) de Pindare, est dédié au « flûtiste Midas » ; enfin, Marsyas aussi bien que Pan sont des êtres « dionysiaques », c'est-à-dire des êtres de chaos, de fête, de folie et de désordre, et non comme Apollon des Olympiens garants de l'œuvre cosmique du père fondateur, Zeus.

5. On trouvera, comme presque toujours, une version saisissante de ce mythe dans les *Métamorphoses d'Ovide*.

C'est peu de dire que le petit Hermès est incroyablement précoce.

« Né au matin, *nous dit l'auteur de l'hymne homérique qui rapporte cette histoire,* **il jouait de la cithare dès le milieu du jour et, le soir, il déroba les vaches de l'archer Apollon… »**

Première journée d'existence plutôt bien remplie pour un nourrisson qui n'a encore que quelques heures : Hermès est déjà un musicien accompli et un voleur hors pair ! Son père, Zeus, est tombé un jour amoureux de sa future mère, Maïa. La mère de Maïa, Pléioné, est elle-même fille de deux Titans, Okéanos et Téthys. Malgré cette ascendance divine,

HERMÈS EST ENCORE UN NOURRISSON DE QUELQUES HEURES, MAIS GRÂCE À SON INTELLIGENCE DIVINE, LA LYRE EST NÉE, AVEC LAQUELLE IL PEUT FAIRE DES SONS D'UNE PARFAITE JUSTESSE, AUTREMENT PLUS HARMONIEUX QUE CEUX DE LA FLÛTE DE PAN

et bien qu'elle soit l'une des maîtresses de Zeus, elle est très pauvre. Elle vit dans une grotte à même la roche. Dès que le petit Hermès ouvre l'œil, à peine sorti du ventre de sa mère, il veut la protéger de la misère, ce pourquoi il se met aussitôt à la recherche des vaches du troupeau d'Apollon. En chemin, il rencontre une tortue qui vit dans la

Marsyas suspendu à un pin, attendant d'être écorché par Apollon. Marbre, copie romaine du Ier-IIe siècle, d'après un original hellénistique. Musée du Louvre.

montagne et il éclate de rire : d'entrée de jeu, à la simple vue du malheureux animal, il a compris tout le parti qu'il pouvait en tirer. Il rentre aussitôt chez lui, évide la pauvre bête, tue une vache, tend sa peau sur le pourtour de la carapace, fabrique des cordes avec ses boyaux et des clefs pour les tendre avec des roseaux. Il est encore un nourrisson de quelques heures, mais grâce à son intelligence divine, la lyre est née, avec laquelle il peut faire des sons d'une parfaite justesse, autrement plus harmonieux que ceux de la flûte de Pan.

Non content de cette première invention, il repart à la poursuite des vaches immortelles de son grand frère. Apercevant le troupeau d'Apollon, il prélève cinquante bêtes et, pour camoufler son forfait, il les conduit en marche arrière, après avoir pris soin d'attacher à leurs sabots des espèces de raquettes en herbe qu'il a confectionnées en toute hâte pour dissimuler leurs pas. Puis il conduit les bovins dans une grotte pour les cacher de son frère. Quelques minutes plus tard, et il a réinventé tout seul le feu. Il sacrifie deux vaches aux dieux et passe la fin de la nuit à disperser les cendres du foyer. Puis il rentre dans son antre à lui, là où il a été élevé par Maïa, là où se trouve son berceau, et il se rendort en se donnant l'air de l'innocence qui sied à un nouveau-né. À sa mère qui le gronde, il répond simplement (car il parle déjà, évidemment), qu'il en a assez de leur pauvreté et qu'il veut devenir riche. Voilà pourquoi il sera plus tard le dieu des commerçants, des journalistes et des voleurs – je vous laisse apprécier l'espèce d'équivalence que la mythologie établit entre ces trois métiers... Du reste, de nombreux journaux, un peu partout de par le monde, adopteront son nom latin, Mercure, comme titre de leur publication. Première journée, donc, de bébé divin.

Cupidon jouant de la lyre, fresque romaine d'Herculaneum.

Reste à comprendre comment la lyre va devenir l'instrument favori d'Apollon, celui qui va lui permettre de l'emporter sur Pan/Marsyas. Bien entendu, le grand frère finit par découvrir le pot aux roses. Il comprend qu'on a fait marcher son troupeau à l'envers et, poursuivant son enquête, il retrouve la grotte où Hermès dort dans son berceau. Quand il met la main sur le nourrisson de Zeus, il le secoue comme un prunier et menace de le jeter dans le Tartare, aux enfers, s'il ne lui rend pas ses vaches ! Hermès jure ses grands dieux qu'il est innocent comme l'agneau qui sort de l'œuf (enfin quelque chose comme ça). Apollon le brandit à bout de bras, le secoue encore comme une poupée de son et s'apprête à le jeter au loin, mais Hermès lui sort sous le nez une blague si étonnante qu'elle lui fait lâcher prise (genre : « ce que tu as l'air d'une andouille avec tes yeux exorbités... », le tout accompagné de grimaces qui imitent la colère d'Apollon). Le litige est finalement porté devant le tribunal de Zeus... qui éclate évidemment lui aussi de rire devant tant de précocité. En fait, il est tout fier de son dernier fils. Le conflit se poursuit encore entre Apollon et Hermès, mais ce dernier sort l'arme absolue, sa lyre, et il se met à en jouer avec un tel art qu'Apollon, tout comme Zeus, finit par craquer et tombe littéralement sous le charme du petit garçon.
Séduit, Apollon, dieu de la musique, est sidéré par la beauté des sons qui sortent de cet instrument qu'il ne connaît pas encore. En échange

APOLLON, DIEU DE LA MUSIQUE, EST SIDÉRÉ PAR LA BEAUTÉ DES SONS QUI SORTENT DE CET INSTRUMENT QU'IL NE CONNAÎT PAS ENCORE. EN ÉCHANGE DE LA LYRE, IL PROMET À HERMÈS DE LE RENDRE RICHE

de la lyre, il promet à Hermès de le rendre riche. Mais le petit continue à négocier, à marchander, et il obtient en plus la garde des troupeaux de son grand frère ! Apollon lui offre même, pour faire bonne mesure, le fouet du pasteur et la baguette magique de richesse et d'opulence, celle qui servira à fabriquer l'emblème d'Hermès, le fameux caducée, et qui va lui permettre aussi d'apporter richesse et prospérité à sa mère. Profitons-en pour faire une petite mise au point sur les origines de cet étrange symbole des professions médicales.

SUR L'ORIGINE DES TROIS CADUCÉES DE NOS MÉDECINS ET PHARMACIENS

Le mot « caducée » vient du grec *Kérukeion*, qui signifie le « sceptre du Hérault », non pas au sens du héros qui gagne les batailles et fait des exploits, mais du héraut qui annonce les nouvelles, comme Hermès, le messager des dieux.

Le premier caducée porte bien son nom puisqu'il est l'emblème du dieu Hermès. Il est constitué de deux serpents qui s'enroulent autour d'un bâton lui-même surmonté d'une paire de petites ailes. Les mythes, ici, divergent entre eux. Selon certains, Apollon aurait échangé son sceptre d'or avec Hermès contre une flûte que ce dernier aurait inventée après la lyre. Selon d'autres, Hermès, voyant un jour deux serpents en train de se battre – ou de faire l'amour ? –, les aurait séparés en jetant un bâton (la baguette magique d'Apollon ?) entre les deux reptiles. Les serpents se seraient alors enroulés autour de cette baguette et Hermès aurait seulement ajouté les petites ailes, qui sont sa marque propre, puisqu'elles lui permettent de traverser le monde et de fendre les airs à toute vitesse.

C'est, étrangement, ce même caducée d'Hermès qui sert le plus souvent, encore aujourd'hui, d'emblème de la médecine aux États-Unis.

En réalité pourtant, il n'a aucun lien avec cette discipline. Il semblerait bien que nos amis américains aient tout simplement confondu ce caducée avec un autre, celui d'Asclépios, probablement parce que la médecine ancienne (et bien souvent même celle d'aujourd'hui) est un art « hermétique », qui utilise, comme dans Molière, des mots savants, un jargon obscur et surtout parce que les premières facultés de médecine furent d'abord proches de sociétés secrètes. Erreur explicable, donc, mais erreur quand même.
Car le deuxième caducée, celui qui symbolise réellement la médecine, n'est pas celui d'Hermès. Là encore, les mythes sont assez obscurs et multiples. Deux lignes de récit principales sont en concurrence : selon la première, Asclépios, au moment où il est élevé par Chiron, qui lui enseigne la médecine comme le lui a demandé Apollon, aurait fait une bien étrange expérience : croisant un serpent sur son chemin, il le tue… et constate avec surprise qu'un autre serpent vient au secours du premier, portant dans sa bouche une petite herbe qu'il lui fait ingérer et qui le réveille de la mort. C'est de là qu'Asclépios aurait tiré sa vocation pour la résurrection des défunts. Selon l'autre, Asclépios aurait pris pour symbole de son art le serpent pour une raison beaucoup plus simple : parce que cet animal semble commencer une nouvelle vie lorsqu'il mue et change de peau. Il suffit de se promener dans les terres rocailleuses de la Grèce pour voir

ASCLÉPIOS AURAIT PRIS POUR SYMBOLE DE SON ART LE SERPENT POUR UNE RAISON BEAUCOUP PLUS SIMPLE : PARCE QUE CET ANIMAL SEMBLE COMMENCER UNE NOUVELLE VIE LORSQU'IL MUE ET CHANGE DE PEAU

un peu partout ces peaux de serpent abandonnées. De là à en conclure que l'animal mort connaît une renaissance, il n'y a qu'un pas qu'Asclépios aurait franchi. Comme on le voit, les deux histoires, au fond, se rejoignent : dans les deux cas, en effet, le serpent symbolise la renaissance, l'espérance d'une seconde vie. Voilà pourquoi aussi, lorsqu'il foudroie Asclépios, Zeus le transforme en cette constellation du « serpentaire », de celui qui porte le serpent, façon de rendre Asclépios immortel, de lui offrir une apothéose. Les médecins européens, à la différence des américains, ont à juste titre adopté le caducée d'Asclépios comme symbole de leur art. Ils y ont simplement ajouté un miroir, pour représenter la prudence qui est nécessaire à l'exercice de leur métier.

J'ajoute qu'on a depuis lors inventé un troisième caducée, celui des pharmaciens. À vrai dire, ce n'est qu'une variante de celui d'Asclépios. Il est lui aussi constitué d'un serpent qui entoure un bâton, avec cette différence qu'ici la tête de l'animal surplombe une coupe dans laquelle il crache son venin. Cette coupe est celle d'Hygie, l'une des filles d'Asclépios (dont le nom a donné le mot « hygiène »), la sœur de Panacée (le remède universel), et le venin déposé dans la coupe symbolise les préparations de médicaments dont les pharmaciens connaissent seuls les secrets…

Dernière précision pour conclure cette histoire : le plus grand médecin grec, Hippocrate, se réclamera d'Asclépios et se dira son descendant direct. Aujourd'hui encore, tous les médecins doivent, avant d'exercer, prêter un serment de bonne conduite qu'on nomme le « serment d'Hippocrate ». Malheureusement, ils ne sont toujours pas capables de rendre la vie à ceux qui sont morts et que nous aimerions revoir…

Insontem sobolem, nec sonte Coronide, Apollo
15.
Parte viro tradit, parteq; tradit equo.

Apollon confiant l'éducation d'Esculape à Chiron, gravure de 1590, d'après Hendrik Goltzius.

DE L'HYBRIS GRECQUE À L'ORGUEIL CHRÉTIEN : MIDAS ET FRANKENSTEIN

Une question se pose immédiatement, dans l'interprétation du mythe : quels sont les liens et les différences entre ce que les chrétiens appellent le « péché d'orgueil » et ce que les Grecs nomment « hybris ». Avec nos yeux de modernes, marqués par vingt siècles de christianisme, nous avons spontanément tendance à penser que la fable signifie, en gros, que Midas a péché avant tout par cupidité et concupiscence, c'est-à-dire, si on va à la racine de ces deux défauts, par orgueil et vanité, par souci du paraître plus que de l'être. Pour nous, la leçon de l'histoire pourrait se formuler à peu près de la façon suivante : Midas a pris le superficiel pour l'essentiel, il a cru que la richesse, l'or, le pouvoir et les possessions qu'il procure formaient le but ultime de la vie humaine. En quoi il a confondu l'avoir et l'être, l'apparence et la vérité. Et il en est à juste titre puni. Tout est bien qui finit bien. Amen.

En réalité, le mythe grec va beaucoup plus loin. Il possède, bien que plus secrète, une dimension cosmique et ne se résume nullement au poncif selon lequel « l'argent ne fait pas le bonheur ». Avec son toucher d'or, en effet, Midas est devenu une espèce de monstre. Potentiellement, comme je l'ai suggéré en commençant, c'est bel et bien l'ordre cosmique tout entier qu'il menace : tout ce qu'il touche meurt, car son pouvoir terrifiant va jusqu'à transformer l'organique en inorganique, le vivant en matière inanimée. Il est en quelque sorte le contraire d'un créateur de monde, une sorte d'anti-dieu, un être chaotique, anti-cosmique. Les feuilles, les branches des arbres, les fleurs, les oiseaux et les autres animaux dont il se saisit cessent d'occuper leur place et leur fonction, leur « *ergon* » au sein de l'univers avec lequel, un instant avant, ils vivaient encore en parfaite harmonie. Il suffit que Midas les effleure pour qu'ils changent de nature et, potentiellement, son pouvoir dévastateur est infini, sans limite : nul ne sait jusqu'où il peut aller. À l'extrême fin, c'est peut-être bien le cosmos tout entier qui pourrait s'en trouver altéré : imaginons par exemple que Midas voyage,

AVEC SON TOUCHER D'OR, EN EFFET, MIDAS EST DEVENU UNE ESPÈCE DE MONSTRE. POTENTIELLEMENT, C'EST BEL ET BIEN L'ORDRE COSMIQUE TOUT ENTIER QU'IL MENACE

qu'il parvienne à métamorphoser notre planète en une gigantesque boule métallique, dorée mais morte, définitivement dépourvue des qualités que les dieux avaient réussi à lui conférer à l'origine, au moment du partage primordial du monde par Zeus après sa victoire sur les forces chaotiques des Titans, des Géants et de Typhon : ce serait la fin de toute vie et de toute harmonie.

Si l'on veut à tout prix faire une comparaison avec le christianisme, elle doit donc aller bien plus en profondeur qu'on ne le pense spontanément. Comme le mythe du docteur Frankenstein, qui s'inspire de légendes anciennes, nées dans l'Allemagne du XVIe siècle, les mésaventures du roi Midas nous content en vérité l'histoire d'une dépossession tragique.

Le docteur Frankenstein, lui aussi, voudrait devenir l'égal des dieux. En l'occurrence, il rêve de donner la vie, comme l'a fait le Créateur. Et il passe son temps à chercher comment parvenir à ranimer les morts.

Et un beau jour, il y parvient. Il a collecté des cadavres, en les volant à la morgue de l'hôpital, et, en utilisant l'électricité du ciel, il réussit à redonner vie au monstre qu'il a fabriqué à partir des corps en décomposition. Au début, tout va bien, et Frankenstein se prend pour un véritable génie de la médecine. Mais le monstre prend peu à peu son indépendance et parvient à s'échapper. Comme son aspect est abominable, il sème la terreur et la désolation partout sur son passage, de sorte qu'en réaction il devient lui-même méchant et menace de dévaster la terre et ses habitants. Dépossession tragique : la créature a échappé à son créateur qui s'en trouve, pour ainsi dire, frustré. Il a perdu le contrôle – ce qui, bien entendu, dans la perspective chrétienne qui domine ce mythe, signifie que l'homme qui se prend pour dieu court à la catastrophe.

CAR MIDAS, COMME FRANKENSTEIN, A VOULU S'ATTRIBUER AVEC LE TOUCHER D'OR UN POUVOIR DIVIN, UNE CAPACITÉ QUI DÉPASSE DE TRÈS LOIN TOUTE SAGESSE HUMAINE, À COMMENCER PAR LA SIENNE, DÉJÀ SI RÉDUITE : CELLE DE BOULEVERSER L'ORDRE COSMIQUE

C'est en un sens analogue qu'il faut comprendre le mythe de Midas, même si le dieu, ou plutôt les dieux dont il s'agit chez les Grecs, ne sont pas celui des chrétiens. Car Midas, comme Frankenstein, a voulu s'attribuer avec le toucher d'or un pouvoir divin, une capacité qui dépasse de très loin toute sagesse humaine, à commencer par la sienne, déjà si réduite : celle de bouleverser l'ordre cosmique. Et, comme le docteur Frankenstein, il perd bientôt tout contrôle sur ses nouvelles attributions. Ce qu'il croyait maîtriser lui échappe de toute part, de sorte qu'il ne lui reste plus qu'à supplier la divinité, en l'occurrence Dionysos, de redevenir un simple humain.

De manière très significative, c'est cette même menace de chaos par l'hybris que met à nouveau en scène la seconde partie du mythe de Midas : celle au cours de laquelle ce pauvre benêt a été, comme on l'a vu, sévèrement puni par Apollon.

UNE LECTURE NIETZSCHÉENNE DES MYTHES GRECS INSPIRÉE PAR TROIS GRANDS THÈMES SCHOPENHAUERIENS

Mais il nous faut aller plus loin encore dans l'interprétation du mythe qui, décidément, est loin, très loin de se réduire à l'humble fabliau que nous présentent d'habitude les ouvrages de vulgarisation. Car ce qu'il met en scène, notamment dans les épisodes qui touchent au concours de musique, c'est ce que Nietzsche, en l'occurrence largement inspiré par celui qui est encore à cette époque son maître, Schopenhauer, a présenté dans son premier livre, *La Naissance de la tragédie à partir de l'esprit de la musique* (1872), comme une opposition cardinale : celle de l'apollinien et du dionysiaque.

Dans ce petit ouvrage étonnant, Nietzsche ne se contente pas d'analyser le ressort profond de la tragédie grecque, à savoir, selon lui, l'union de l'apollinien et du dionysiaque – on pourrait dire en première approximation : la réconciliation de l'élément cosmique et l'élément

LA MUSIQUE EST L'ART DIONYSIAQUE PAR EXCELLENCE, MAIS C'EST UN ART QUI PEUT AUSSI AVOIR UN VERSANT APOLLINIEN COMME ON LE VOIT CHEZ LES MUSES AUTANT QUE DANS LES CONCOURS DE MUSIQUE QU'ON VIENT D'ÉVOQUER ET QUI METTENT JUSTEMENT EN SCÈNE LA VICTOIRE DE LA MUSIQUE APOLLINIENNE, COSMOLOGIQUE, SUR LA MUSIQUE DIONYSIAQUE, CHAOTIQUE

chaotique ; il propose aussi une interprétation du sens spécifique de la musique par rapport aux arts plastiques. La musique est l'art dionysiaque par excellence, mais c'est un art qui peut aussi avoir un versant apollinien comme on le voit chez les Muses autant que dans les concours de musique qu'on vient d'évoquer et qui mettent justement en scène la victoire de la musique apollinienne, cosmologique, sur la musique dionysiaque, chaotique. La manière dont Nietzsche interprète le tragique grec est passionnante en elle-même, mais elle offre en outre une perspective tout à fait éclairante sur la mythologie grecque en général. Pour la comprendre, il faut voir qu'elle s'inspire directement, du reste de manière tout à fait explicite de la part de Nietzsche lui-même, de la fameuse opposition que Schopenhauer propose dans son maître livre[6] entre le monde de la représentation, que Nietzsche va dire « apollinien », et celui de la volonté, où règne ce dieu étrange et inquiétant qu'est Dionysos.

Mais trêve d'allusions. Si nous voulons entrer dans le vif du sujet, et voir en quoi la lecture nietzschéenne des mythes grecs peut nous éclai-

6. *Du monde comme volonté et comme représentation,* 1819.

rer, il faut rappeler en quoi elle s'inspire de trois grands thèmes schopenhauerien : 1) Le monde de la vie quotidienne, c'est-à-dire celui que Schopenhauer appelle le « monde de la représentation », qui semble claire et sensé, est en réalité caractérisé par quatre illusions funestes : l'illusion que chaque chose est individuée, bien identifiable ; l'illusion du moi, de l'égo ; l'illusion de la rationalité, de la science ; enfin, l'illusion du sens. 2) La vérité, c'est que le monde de la représentation, cet univers harmonieux (cosmologique) en apparence, ce registre de la conscience claire et distincte, n'est que le sommet de l'iceberg. La vérité, c'est que le fond du réel est chaotique, constitué de forces aveugles, indistinctes, fusionnelles, irrationnelles et dénuées de sens. 3) Dans ces conditions, si l'on comprend la différence entre ces deux niveaux opposés de réalité, la mort n'est plus à craindre. Au contraire, elle est même salutaire, car c'est elle qui rétablit la vérité en dissolvant l'illusion de l'individu soi-disant conscient de lui-même, l'illusion de l'ego, de la personne individuelle, le vivant particulier revenant par sa mort à la vie universelle qui, elle, ne meurt jamais, puisque, comme le dit l'adage, « rien ne se perd et rien ne se créé ».

Reprenons brièvement ces trois thèmes pour voir comment Schopenhauer les argumente, avant de montrer comment Nietzsche les reprend pour les appliquer tout à la fois à la conception grecque de la tragédie comme à celle, plus généralement, de la musique en jeu dans les mythes que nous venons d'exposer.

LE MONDE DE LA « REPRÉSENTATION », MONDE APOLLINIEN

Le monde de la représentation tel que Schopenhauer le conçoit et que Nietzsche l'applique à la compréhension des deux musiques en compétition, possède quatre caractéristiques aussi superficielles qu'illusoires : 1) tout y est en apparence identifiable, conforme au « *principium individuationis* », au principe d'identité, bien délimité et bien déterminé : c'est le contraire de l'*apeiron* primitif des Grecs, de cette indétermination qui caractérise le chaos dont le monde des êtres identifiables est sorti. 2) Parmi toutes les illusions liées à la notion d'identité figure au premier chef celle du Moi, de l'ego qui se croit personnel, distinct de tous les autres et qui, du coup, craint la mort parce qu'elle est justement dissolution de l'individu. 3) Dans le monde de la représentation, tout paraît rationnel, explicable par la science selon le principe de causalité (ou principe de raison). 4) Enfin, tout y est sensé, au double sens du terme : orienté dans une certaine direction et doté d'une signification déterminée. C'est donc un monde très rassurant : les choses sont ce qu'elles sont, elles ne sont pas ouvertes sur un abîme, il n'y a pas de souterrains dissimulés, pas de chaos à l'horizon. Tout est clair et distinct, pour parler comme Descartes, dans cet univers où l'inconscient n'a pas sa place. Tous les événements sont, au moins en droit sinon toujours en fait, explicables par notre raison, toutes les actions, même les plus folles en apparences, sont quand même finalement pleines de sens, de sorte que, dans ce monde-là, les humains sont plutôt à l'aise.

Reprenons.
D'abord, les choses, au sein du monde perçu sous les espèces de la représentation claire et consciente, sont identifiables et bien identifiées. Selon le « principe d'individuation » – et Schopenhauer est d'ailleurs l'auteur d'un essai consacré à ce *principium individuationis* –, les choses sont conformes au principe d'identité : elles ne sont pas en contradiction

Apollon et deux Muses, huile sur toile de Pompeo Batoni (1708-1787).

avec elles-mêmes, comme elles le deviennent lorsqu'on accepte, par exemple, l'hypothèse de l'inconscient où le sujet apparaît comme un sujet brisé, coupé en deux, qui s'échappe à lui-même, comme dans la célèbre formule de Rimbaud « Je est un autre ». Non, dans ce monde de la représentation, « je est je », « je est bien identique à lui-même », « moi = moi », comme dans la philosophie de Fichte ou de Schelling, ce qui est évidemment plus rassurant. À l'illusion des choses identiques

LES SAVANTS DÉCOUVRENT BEL ET BIEN LES CAUSES DE CERTAINS ÉVÉNEMENTS. SIMPLEMENT, ILS NE DÉVOILENT JAMAIS LES CAUSES ULTIMES ET DERNIÈRES, DE SORTE QU'IMAGINER, COMME HEGEL OU SPINOZA, LA POSSIBILITÉ D'UN « SAVOIR ABSOLU », D'UNE SCIENCE QUI RENDRAIT LE MONDE INTÉGRALEMENT INTELLIGIBLE, EST UNE PURE ILLUSION

à elles-mêmes s'ajoute donc celle du sujet transparent à lui-même. Ensuite, dans ce monde qui est aussi celui de la science, tous les effets ont des causes, rien n'advient sans raison, sans explication plausible : c'est le monde dans lequel les savants cherchent des lois rationnelles et les trouvent, d'ailleurs – c'est bien le problème, ce qui va donner l'illusion que tout, finalement, peut être expliqué, qu'il n'y a pas de mystère dans l'univers. Attention, pas de malentendu : Schopenhauer ne nie nullement la capacité des sciences positives à donner des explications fiables, à parvenir à une certaine forme de vérité. Oui, c'est incontestable, les savants découvrent bel et bien les causes de certains événements. Simplement, ils ne dévoilent jamais les causes ultimes et dernières, de sorte qu'imaginer, comme Hegel ou Spinoza, la possibilité d'un « savoir absolu », d'une science qui rendrait le monde intégralement intelligible, est une pure illusion.

Nous allons aussi y revenir.

Enfin, le monde de la représentation est un monde dans lequel il y a du sens. Nous éprouvons sans cesse dans la vie de tous les jours le sentiment que notre volonté est une volonté sensée, consciente, animée par des intentions claires et compréhensibles. Par exemple, si je me lève de mon bureau pour aller acheter des cigarettes au tabac du coin, je sais pourquoi j'enfile mon manteau, je prends mes clés, mon portefeuille, appelle l'ascenseur, etc. : tout cela répond à une finalité limpide, à des projets intelligibles, tout cela a du sens.

Le monde de la représentation est donc conforme au principe d'identité, au principe de causalité et au principe de finalité.

LE MONDE DE LA VOLONTÉ, MONDE DIONYSIAQUE : UN UNIVERS FLOU ET CHAOTIQUE, SANS IDENTITÉ, IMPERSONNEL, IRRATIONNEL ET DÉNUÉ DE SENS

Quand on passe à l'étage inférieur, quand on descend vers les « arrière-mondes » comme dira Nietzsche, dans les « souterrains », pour parler comme Dostoïevski, vers la face cachée de l'iceberg et qu'on plonge dans l'inconscient du vouloir aveugle, ce qu'on découvre peu à peu, c'est tout le contraire de ce qui se passe dans le monde de la conscience claire et de la représentation. On y a aussitôt affaire à un champ de forces totalement aveugles, à des pulsions multiples – ce que Nietzsche, là encore héritier de Schopenhauer, appellera la « Vie » ou la « Volonté de puissance », un tissu de pulsions ou d'instincts tout à fait chaotiques. Ce monde-là, à la différence du premier, est fondamentalement UN, en ce sens que rien n'y est vraiment distinct, individué, séparé du reste. Tout y est « *apeiron* », indéterminé, fondu dans l'unité. La force qui fait que les plantes poussent, celle qui fait que la pierre tombe, celle qui me permet de me lever de mon bureau sont une seule et même force : le vouloir, la volonté. Cette réalité fondamentale est selon Schopenhauer univoque, elle possède la même nature sous toutes ses formes différentes. Or ce vouloir, cette volonté, qui sont largement inconscients et qui s'opposent au visible comme l'invisible, au manifeste comme le latent, se situent derrière la représentation, en dessous d'elle. Ils la déterminent sans qu'elle le sache : c'est le côté obscur de toute chose, ce que Freud appellera l'inconscient dynamique en suivant Schopenhauer bien davantage qu'il ne voulait l'avouer.

Les caractéristiques de ce monde du vouloir sont alors à l'exact opposé de celles du monde de la représentation.

D'abord, comme je viens de le suggérer, la multiplicité absolue des forces qui pourraient sembler distinctes les unes des autres n'est pourtant que l'émanation d'une seule et même force : la force qui anime les vivants, la force de gravitation, toutes les énergies naturelles, si Schopenhauer avait connu l'atome, ça aurait été l'énergie atomique, se fondent dans le concept commun de l'énergie vitale où tout est fondu, indéfini, non délimité comme dans le chaos initial des Grecs. Le monde du vouloir se caractérise par une puissance impersonnelle absolue. Voilà ce qu'en dit Schopenhauer : « **Tout ce qui s'opère par le médium de la représentation, c'est-à-dire de l'intellect, n'est qu'une plaisanterie par rapport à ce qui émane directement de la volonté.** »

Pour le démontrer, Schopenhauer fait une référence à l'idée de chose en soi kantienne (c'est une erreur sur la pensée de Kant, dont il se croit le disciple, mais c'est une autre histoire qui nous importe peu ici) : derrière les phénomènes visibles, derrière tous les mouvements qui

IL N'Y A PAS DE LIBERTÉ HUMAINE, AU SENS D'UNE LIBERTÉ DE CHOIX. C'EST UNE PURE ILLUSION – EN QUOI SCHOPENHAUER EST ICI, MALGRÉ SES DIRES, BEAUCOUP PLUS PROCHE DE SPINOZA QUE DE KANT : LE LIBRE ARBITRE, L'IDÉE QUE JE PEUX DÉCIDER QUELQUE CHOSE, CHOISIR ENTRE DES POSSIBLES, EST UNE ILLUSION TOTALE

s'opèrent dans le monde, on trouve la force fondamentale du vouloir, cette puissance cachée, insaisissable par la représentation (d'où la comparaison avec la chose en soi de Kant, qui est elle aussi inconnaissable) : une énergie absolue qui domine et submerge complètement le monde de la conscience claire et qui fait que la notion de libre arbitre, de choix libre et conscient, n'a rigoureusement aucun sens. Il n'y a pas de liberté humaine, au sens d'une liberté de choix. C'est une pure illusion – en quoi Schopenhauer est ici, malgré ses dires, beaucoup plus proche de Spinoza que de Kant : le libre arbitre, l'idée que je peux décider quelque chose, choisir entre des possibles, est une illusion totale. La vérité, c'est que derrière ces choix apparents, comme derrière ma conscience, c'est le vouloir qui œuvre à notre insu, comme le dit clairement Schopenhauer, dans un autre passage du *Monde comme volonté et comme représentation* :

« Il est clair que la volonté se présente toujours comme l'élément primaire et fondamental, que sa prédominance sur l'intellect est incontestable, que celui-ci est absolument secondaire, subordonné, conditionné. »

En quoi on peut considérer, cela dit au passage, que Schopenhauer, avant le fameux trio Marx/Nietzsche/Freud, est bel et bien le premier « philosophe du soupçon » : le monde clair et distinct de l'intellect n'est pas simplement le sommet de l'iceberg : c'est un monde subordonné, conditionné, de part en part déterminé par ce qui s'agite dans les souterrains. Voyons ensuite ce qu'il en est de la prétendue rationalité que le point de vue de la représentation prétend déceler dans le monde. En réalité, toutes les explications scientifiques produites par l'intellect causal, explicatif, se perdent dans les sables, et ce pour une raison de fond que nous allons expliciter dans un instant : la causalité est elle-même sans cause. Le savant cherche des causes des divers phénomènes qu'il observe : les causes du mouvement des planètes, des maladies, des tremblements de terre, etc. C'est là l'essence même de son métier : chercher à expliquer les phénomènes, à « sauver » les phénomènes comme disaient déjà les Grecs, c'est-à-dire à rendre raison – *rationem dare* en latin, *logon didonai* en grec –, toutes ces formules anciennes décrivant déjà la science comme une volonté de chercher des causes. Cependant, le principe de causalité s'empêtre de lui-même dans une espèce de contradiction insoluble : la série des causes ne peut jamais s'achever, de sorte qu'aucune explication scientifique ne peut être vraiment complète. Pourquoi ? Précisément parce qu'on ne peut pas arrêter l'application du principe de causalité : vous cherchez, par exemple, les causes de la guerre de 1914, et vous les trouvez dans un état antérieur, quelque part dans le passé ; mais l'Histoire est continue, et ce passé lui-même a été forgé par une autre série de causes : vous cherchez alors toujours dans un nouvel état antérieur la cause de l'état que vous pouvez considérer à nouveau comme un effet. Le principe

Dionysos et un Satyre, fresque de la maison des Dioscures, Pompéi.

de causalité est donc, par définition même, une régression à l'infini : il nous fait constamment remonter de cause en cause. On cherche la cause de tel phénomène, puis la cause de la cause, puis à nouveau la cause de la cause de la cause, etc. Par conséquent, comme le dit Schopenhauer, l'explication se perd à l'infini, car on ne trouve jamais la cause première, le point de départ : si on voulait arrêter la série en prétendant trouver une cause première, alors cette prétendue cause première serait elle-même sans cause, ce qui contredirait le principe de causalité. Du coup, même les explications les plus sublimes et les plus parfaites, les plus rationnelles, s'ouvrent ainsi sur ce que Schopenhauer appelle le « *grundlos* », le sans-fond.

LE PRINCIPE DE CAUSALITÉ EST DONC, PAR DÉFINITION MÊME, UNE RÉGRESSION À L'INFINI : IL NOUS FAIT CONSTAMMENT REMONTER DE CAUSE EN CAUSE. PAR CONSÉQUENT, COMME LE DIT SCHOPENHAUER, L'EXPLICATION SE PERD À L'INFINI, CAR ON NE TROUVE JAMAIS LA CAUSE PREMIÈRE, LE POINT DE DÉPART

De là la distinction fondamentale qu'il opère entre l'*étonnement philosophique* et l'*étonnement scientifique*. L'idée, qui est absolument centrale dans son œuvre, est fort bien exposée dans de nombreux passages du *Monde comme volonté et comme représentation*, par exemple, celui-ci :

« Si un homme ose soulever cette question : "Pourquoi le néant n'est-il pas plutôt que ce monde ?", le monde ne peut se justifier de lui-même, il ne peut trouver en lui-même aucune raison, aucune cause

finale de son existence, il ne peut démontrer qu'il existe en vue de lui-même, c'est-à-dire pour son propre avantage. Dans ma théorie, la véritable explication est que la source de son existence est formellement sans raison : elle consiste, en effet, dans un vouloir-vivre aveugle, qui, en tant que chose en soi, ne peut être soumis au principe de raison, forme exclusive des phénomènes, et seul principe justificatif de toute question sur les causes. »

L'existence du monde appartient donc à l'univers du vouloir, lequel est totalement sans cause et ne présente aucune explication crédible. En d'autres termes, le monde est parfaitement contingent, il pourrait fort bien ne pas être. C'est ce sentiment de la contingence que Schopenhauer appelle l'étonnement philosophique. Comme le montre Clément Rosset dans l'excellent petit livre qu'il a consacré à son auteur favori, il existe chez lui deux types d'étonnement : l'étonnement scientifique et l'étonnement philosophique. Comprendre cette distinction, c'est entrer dans le cœur de la philosophie de Schopenhauer. Il s'agit vraiment de sa racine la plus profonde.

Essayons donc de la mieux comprendre.

L'***étonnement scientifique***, c'est celui du savant qui s'étonne devant une observation qu'il ne parvient pas à expliquer. C'est, par exemple, Claude Bernard qui s'étonne de la présence du sucre dans le sang de ses lapins et qui, en faisant une série d'hypothèses et d'expérimentations, va découvrir la fonction glycogénique du foie. Découvrir la cause d'un phénomène, c'est ce qu'on appelle une « découverte scientifique » et cela arrive presque tous les jours : on découvre la fonction d'un gène, la cause d'une maladie, d'un phénomène climatique, etc. Une fois la découverte publiée, le savant continue en général son travail de recherche, il passe, si je peux dire, à un autre étonnement ; puis lui ou l'un de ses successeurs trouve une nouvelle cause, fait une nouvelle découverte, etc. Cet étonnement scientifique est donc un étonnement de surface, un étonnement provisoire, qui appartient tout entier au monde de la représentation : il va de cause en cause, sans s'inquiéter des causes dernières, qui restent introuvables parce qu'elles n'appartiennent pas au domaine de la science, mais à celui de la métaphysique. L'***étonnement philosophique*** est tout à fait différent. C'est celui que nous voyons à l'œuvre chez celui qui ose poser la question de l'existence du monde : « *Pourquoi y a-t-il quelque chose plutôt que rien ?* » ; et qui, en plus, ose répondre à cette question : il n'y a pas de cause, pas de raison, le monde est gratuit, le monde est contingent, il est sans fondement, sans fond, ouvert sur l'abîme du vouloir, des forces aveugles. Ce n'est donc pas un étonnement qui porte, comme dans le cas du savant, sur les objets *intramondains*, les choses qui sont dans le monde, sur des « étants » comme dira Heidegger ; c'est l'étonnement qui porte s*ur le fait même qu'il y ait un monde*, qu'il y ait quelque chose plutôt que rien (il porte sur ce que Heidegger appelle l'Être, le mystère de l'Être en tant que tel, le mystère du « il y a » un monde). Cet étonnement d'un tout autre ordre correspond très exactement à ce que Heidegger, dans *Qu'est-ce que la métaphysique ?* appelle « l'angoisse » : l'angoisse naît du fait que l'on prend conscience que si le monde est sans fond, sans cause première ni fondement dernier, alors il pourrait aussi bien ne pas exister ; il est flottant, contingent. Comme l'étonnement philosophique de Schopenhauer, l'angoisse chez Heidegger porte sur le fait même de l'Être, c'est-à-dire sur le fait qu'il y ait des étants, des choses qui sont, et non pas sur les « étants » eux-mêmes, c'est-à-dire les choses qui sont à l'intérieur du monde.

Gérard de Lairesse (1640-1711), *Allégorie des Sciences.*

L'ANGOISSE NAÎT DU FAIT QUE L'ON PREND CONSCIENCE QUE SI LE MONDE EST SANS FOND, SANS CAUSE PREMIÈRE NI FONDEMENT DERNIER, ALORS IL POURRAIT AUSSI BIEN NE PAS EXISTER ; IL EST FLOTTANT, CONTINGENT

C'est aussi ce que Sartre appellera la « nausée » – et Camus l' « absurde », Sartre décrivant la nausée en ces termes proches de ceux de Schopenhauer et d'Heidegger : **« Tout est gratuit, ce jardin, cette ville, et moi-même. Quand il arrive qu'on s'en rende compte ça vous tourne le cœur, et tout se met à flotter : voilà la Nausée. »**

De manière analogue, la prétendue finalité que l'univers idéal de la représentation prétend voir à l'œuvre dans les actions humaines est illusoire elle aussi : nous croyons que nos actions ont un sens, parce que au niveau de la représentation elles semblent, en effet, en avoir un ; mais en vérité, à un niveau plus profond, ce prétendu sens se perd lui aussi dans les sables, il est toujours, *in fine*, enraciné dans un non-sens absolu. Il n'y a pas de « sens du sens », pas de signification ultime de toutes les significations partielles. Au niveau de l'intellect conscient, de la représentation claire, tout paraît sensé : comme je l'ai dit plus haut, je me lève de mon bureau pour aller acheter des cigarettes et toutes les opérations, toutes les actions que j'effectue alors – prendre mes clés, mon portefeuille, mon manteau, etc. – s'enchaînent de manière sensée. Tout semble ici guidé par la liberté de choix et par des intentions claires : je choisis en toute connaissance de cause ce que je décide de faire.

Parfois, il y a bien quelques petites brisures, mais ce ne sont que des accidents de parcours : les lapsus, les actes manqués, une perte de mémoire – soudain, on s'aperçoit qu'on a fait quelque chose d'insensé,

sans l'avoir choisi ni décidé. Mais en période de croisière, si j'ose dire, et sauf dans le cas de ces petits incidents, voire de la folie, du rêve, bref, des phénomènes pathologiques marginaux, situés hors des normes habituelles de la vie quotidienne –, tout dans l'univers de la représentation, dans ce que Heidegger appellera la « quotidienneté », la vie de tous les jours, fait donc sens.
Mais si on réfléchit un peu plus loin, si on pose la question du « pourquoi ? » à la façon de ces enfants qui répètent « pourquoi, pourquoi, pourquoi ? » à l'infini, comme tout à l'heure j'évoquais la cause de la cause de la cause, jusqu'à ce que les parents s'énervent, cette belle cohérence s'effondre : pourquoi est-ce que je vais acheter des cigarettes ? Pour fumer ; mais pourquoi est-ce que je fume ? Par ce que je suis tombé dans l'addiction. Pourquoi, pourquoi, pourquoi ? Finalement, je ne sais plus. Les « pourquoi » s'enchaînent à l'infini : c'est sans fin, par définition. La question de la fin est sans fin. À ces enfants qui demandent sans cesse « pourquoi », les parents, irrités, finissent en général par répliquer : « Parce que c'est comme ça, et maintenant tu fais ce qu'on te dit ! » L'irritation des parents vient de ce qu'ils pressentent que la finalité est sans fin, et qu'à s'y intéresser on sort de la sphère du raisonnable, de la sphère de la vie quotidienne « normale ». On entre très exactement dans celle de l'étonnement philosophique. Comme le dit Schopenhauer :

« L'homme a toujours un but et des motifs qui règlent ses actions : il peut toujours rendre compte de sa conduite dans chaque cas. Mais demandez-lui pourquoi il veut, ou pourquoi il veut être, en général : il ne saura que répondre ; la question lui semblera même absurde. »

C'est cette absurdité qui agace l'homme ordinaire, c'est pour cette raison qu'il dit à l'enfant : « Ça suffit, maintenant tais-toi. C'est comme ça parce que c'est comme ça, voilà tout ! » Et puis on passe à autre chose, en se disant : « Nous, dans le monde des adultes, on sait très bien à quoi sert tout ça. » Mais en réalité, c'est évidemment l'enfant qui a raison : c'est lui qui est dans l'étonnement philosophique, alors que nous voulons refermer les choses pour que le monde ait un sens.

En résumé, dans l'univers de la représentation, tout semble avoir du sens, mais en réalité, c'est seulement parce que nous ne nous posons jamais la question *du sens du sens*. Si, par inadvertance, on la pose, on s'aperçoit que, tous les sens étant flottants, toutes les causes se perdant dans les sables, on plonge dans l'absurde. L'existence n'a pas de sens. Il me semble que Schopenhauer a raison sur ce point : d'un point de

L'EXISTENCE N'A PAS DE SENS. IL ME SEMBLE QUE SCHOPENHAUER A RAISON SUR CE POINT : D'UN POINT DE VUE LAÏC, IL Y A DES SENS *DANS* L'EXISTENCE, MAIS IL N'Y A PAS DE SENS *DE* L'EXISTENCE

vue laïc, il y a des sens dans l'existence, mais il n'y a pas de sens de l'existence – c'est seulement si on se place d'un point de vue religieux, d'un point de vue chrétien par exemple, point de vue que toute la philosophie de Schopenhauer s'attachera à disqualifier, que le monde et l'existence peuvent retrouver un sens. Si Schopenhauer est un admirateur du bouddhisme, c'est en revanche pour cette raison un virulent critique de la pensée judéo-chrétienne.

C'est à partir de ces considérations des deux sphères de la réalité, la sphère illusoire de la représentation, celle insondable et mystérieuse du vouloir qui en forme l'arrière-fond, que Schopenhauer aborde la question de la mort. Cette dernière fait exploser les illusions de la représentation, à commencer par cette boursouflure qu'est l'ego, l'individu qui se croit séparé des autres et identique à lui-même. La mort rétablit pour ainsi dire la vérité en nous plongeant à nouveau dans l'univers du vouloir, c'est-à-dire dans celui de la force unique dont nous n'aurions à la limite jamais dû sortir. C'est ainsi l'individu qui meurt, c'est-à-dire une illusion, mais comme rien ne se perd jamais, la mort n'est nullement un néant total. Le sage qui comprend la logique de ce raisonnement implacable n'aura donc plus jamais peur de la mort...

LA PEUR DE LA MORT EST LE FAIT DE L'ESPRIT BORNÉ, PAS DU PHILOSOPHE QUI SAIT, À L'INSTAR DE SPINOZA, QUE NOUS SOMMES ÉTERNELS

Écoutons sur ce point ce que dit Schopenhauer :

« Il n'y a que les têtes étroites et bornées pour redouter sérieusement dans la mort la destruction totale de l'être : quant aux esprits vraiment supérieurs, de telles craintes sont bien loin d'eux. »

En effet, ce qui meurt, comme je viens de vous le dire, c'est seulement le mirage de l'ego, l'illusion de l'individu elle-même liée à cette autre supercherie qu'est la conscience, cet épiphénomène purement superficiel qui relève seulement du monde de la représentation. Mais le vouloir, lui, qui est le vrai réel, le fond et pas seulement la surface (dans le vocabulaire que Schopenhauer reprend de Kant : la chose en soi et pas le phénomène), demeure intact, parfaitement éternel, comme l'avait vu Spinoza, que Schopenhauer ne manque pas de citer à cette occasion :

Charon et des âmes mortes. Cratère en calice étrusque à figures rouges, fin du IVe siècle, début du IIIe siècle av. J.-C.

« La profonde conviction de l'impossibilité pour la mort de nous anéantir, cette conviction que chacun porte au fond de son cœur… cette conviction, dis-je, tient fortement à la conscience de notre nature primitive et éternelle. De là les termes par lesquels l'exprime Spinoza : *sentimus experimurque nos aeternos esse* – nous sentons et nous éprouvons que nous sommes éternels (*Éthique*, V, prop. 23, scho.)… En réalité, le fondement le plus solide de notre éternité est le vieux dicton : *ex nihilo nihil fit et in nihilum nihil potest reverti* (rien ne naît de rien et rien ne peut redevenir rien[7].) »

L'espèce est éternelle, seul l'individu meurt, mais l'individu n'étant qu'une illusion de la conscience, un phénomène et non une chose en soi, on peut dire qu'en vérité rien ne meurt jamais. À la limite, c'est même par la mort que nous retournons à la vraie vie. Celui qui parvient à s'élever jusqu'à cette conviction ne doit donc plus rien craindre d'elle. Il sait désormais, selon une analogie que Schopenhauer développe sous tous les aspects possibles, que la disparition des individus n'est, par rapport à la pérennité de l'espèce, que comme un petit somme par rapport au reste de la vie éveillée, ou comme un clignement d'yeux par rapport à la vue en général, c'est-à-dire un presque rien, un quasi-néant sans la moindre importance. De même que nous continuons à vivre une fois passée cette petite mort qu'est le sommeil, l'espèce, ou plus généralement le vouloir universel, continue d'exister éternellement à travers la disparition de ces microphénomènes de surface que sont les individus. Si nous comprenons cela, si nous percevons enfin que notre vérité, ce n'est pas notre individualité

7. Pour un commentaire exact de cette proposition de Spinoza, on se reportera avec profit au cours de Deleuze, publié sous forme de CD, chez Gallimard, dans la collection « À voix haute ». Pour être simpliste, l'interprétation qu'en donne Schopenhauer n'est cependant pas absurde.

fictive, pure illusion de la représentation, mais notre participation à la vie de l'espèce, au vouloir vivre en général, alors non seulement nous pouvons vivre en toute confiance, et même de façon joyeuse (où l'on voit combien le fameux pessimisme de Schopenhauer est tout relatif), non seulement nous pouvons affronter sereinement la mort, la-

NON SEULEMENT NOUS POUVONS AFFRONTER SEREINEMENT LA MORT, LAQUELLE N'EST QUE L'ILLUSION D'UNE ILLUSION (DE LA CONSCIENCE), MAIS NOUS ACCÉDONS EN OUTRE À CETTE BELLE ET HEUREUSE IDÉE QUE NOUS FAISONS PARTIE D'UNE COMMUNAUTÉ ÉTERNELLE

quelle n'est que l'illusion d'une illusion (de la conscience), mais nous accédons en outre à cette belle et heureuse idée que nous faisons partie d'une communauté éternelle, celle où nous sommes déjà réunis dès lors que nous savons dépasser les limites absurdes de l'ego, du moi conscient et de l'individualité fictive.

Je pense que vous commencez sans doute à voir quel lien Nietzsche a cru pouvoir établir entre cette compréhension du monde et la tragédie grecque. Disons les choses simplement avant de les reprendre plus en profondeur. Pour Nietzsche, le tragique met en scène le conflit de ces deux moments inséparables que sont l'apollinien et le dionysiaque. L'apollinien correspond bien entendu au monde de la représentation, au principe d'individuation : les êtres y sont distincts les uns des autres, bien identiques à eux-mêmes, comme le sont les notes de cette lyre qui sonne juste. Le dionysiaque, on l'aura compris, c'est au contraire le moment de la volonté, cette force à la fois unique en son fond et protéiforme dans sa forme où tout est fondu, rien n'est identifiable, comme les sons de la flute de Pan qui passent de l'un à l'autre dans un glissando continuel. Seule la musique dionysiaque est vraiment authentique, seule elle atteint l'essence du musical comme tel, car elle est retour à l'harmonie universelle contre les illusions de l'individualité séparée. En quoi cette musique est un analogue de la mort chez Schopenhauer. Comme elle, la fête dionysiaque, inséparable de la musique qui l'accompagne, fait exploser l'ego, elle nous plonge dans le fusionnel, dans le chaotique pur en tant qu'il est l'opposé du cosmique apollinien. La mort par laquelle la tragédie se clôt le plus souvent, la mort d'Œdipe, celle d'Antigone, n'est donc pas perçue comme un malheur absolu par le spectateur, mais plutôt comme une résolution consolante, apaisante des conflits puisque, par elle, l'individu retourne à la vérité du réel, il se fond dans le vouloir universel et atteint ainsi la paix de l'âme. Mais voyons maintenant plus en profondeur comment Nietzsche applique ce dispositif philosophique inspiré par Schopenhauer à la lecture des grands mythes grecs.

DE SCHOPENHAUER À NIETZSCHE

DE LA TRAGÉDIE GRECQUE COMME UNION EXPLOSIVE DE LA REPRÉSENTATION APOLLINIENNE AVEC LA VOLONTÉ DIONYSIAQUE

Pour aller à l'essentiel, Nietzsche voit donc dans la tragédie grecque, comme je viens de vous le dire, une mise en scène grandiose et dramatique des deux sphères que nous venons de distinguer : d'un côté

celle de la représentation, qui est incarnée dans Apollon, le dieu cosmique et clair par excellence, de l'autre celle de la volonté dont Dionysos, dieu du vin, de la fête et de la folie est évidemment le représentant. Dans cette perspective, la musique de Dionysos, celle de Marsyas et Pan qu'apprécie tant ce pauvre âne de Midas, est une espèce d'analogue artistique de la mort chez Schopenhauer : c'est par la musique qu'au sein même de la vie, dans les fêtes dionysiaques, grâce au vin et à la folie qu'elle déchaîne, on parvient à dépasser l'individualité, à sortir du monde illusoire de la représentation pour entrer dans celui des souterrains du vouloir.
Écoutons ce que Nietzsche dit lui-même (au paragraphe 16 de son livre) à ce sujet :

« Je contemple ces deux divinités antiques des Grecs, Apollon et Dionysos, et je reconnais en eux les deux représentants vivants et évidents des deux mondes d'art qui diffèrent essentiellement dans leur nature et leurs fins respectives. Apollon se dresse devant moi comme le génie du principe d'individuation qui seul peut susciter la félicité libératrice dans l'apparence transfigurée ; tandis qu'au cri d'allégresse mystique de Dionysos, le joug de l'individuation est brisé et la route est ouverte vers les mères de l'Être, vers le noyau intime des choses. Ce contraste inouï qui sépare comme un abîme l'art plastique en tant qu'apollinien et la musique en tant qu'art dionysien n'a été discerné que par un seul parmi les grands penseurs... qui accorda à la musique le privilège d'une origine et d'un caractère particuliers, la distinguant de tous les autres arts pour la raison qu'elle ne serait pas, comme tous les autres, une reproduction du phénomène, mais bien une image immédiate de la Volonté elle-même. La musique représenterait ainsi en face de l'élément physique, l'élément métaphysique du monde, à côté du phénomène, la chose en soi. »

L'unique génie, bien entendu, c'est Schopenhauer, et Nietzsche de citer longuement les passages que ce dernier consacre à la musique dans son maître livre. Selon Nietzsche, donc, si Apollon est par excellence le dieu des arts plastiques, des arts figuratifs où chaque chose est représentée de manière bien identifiable, Dionysos est celui de la musique qui nous invite au contraire à la fusion de toutes choses dans l'indétermination la plus totale, dans l'*apeiron* chaotique. On objectera aussitôt qu'Apollon est pourtant connu pour être le dieu de la musique, qu'il est justement le grand vainqueur des concours que nous venons d'examiner ! Oui, sans doute, mais sa musique relève de ce que Nietzsche appelle la « peinture musicale », c'est-à-dire une musique qui, contre sa nature, fait tout ce qu'elle peut pour ressembler au monde de la représentation, une musique dans laquelle, grâce à la lyre, chaque son juste est bien identifié, bien conforme au principe d'individuation, bien séparé des autres comme le sont les cordes de l'instrument, là où, au contraire, la musique dionysiaque, qui seule nous révèle l'essence de la musicalité, est fusion des sons dans un continuum où plus rien n'est vraiment conforme au fameux principe.

Il y a donc deux musiques, une musique qui n'est pas vraiment musicale et qui, avec Apollon et ses cordes qui sonnent bien juste, reste encore dans le monde superficiel de la représentation, et une musique plus profonde, plus authentiquement musicale, qui nous fait plonger dans le monde des instincts, dans l'univers du vouloir aveugle, de l'ivresse et de la folie où plus rien n'est conforme au principe d'identité. Voilà pourquoi, comme la mort chez Schopenhauer, la musique de Dionysos fait voler en éclats l'individu, elle le plonge dans cette grande communauté de la Vie qui console de la finitude :

« C'est en parlant de l'esprit de la musique que nous comprenons le plaisir que l'on peut prendre à l'anéantissement de l'individu. Car les exemples particuliers d'un tel anéantissement ne font que nous révéler le phénomène éternel de l'art dionysiaque où s'exprime la toute-puissance du vouloir par-delà le principe d'individuation. La vie dure éternellement par-delà tous les phénomènes et en dépit de toute destruction. La joie métaphysique produite par l'art tragique traduit dans la langue des images la sagesse dionysiaque instinctive et inconsciente ; le héros, manifestation suprême du vouloir, est nié pour notre plaisir, parce qu'il n'a d'existence que phénoménale et que la vie éternelle du vouloir n'est pas touchée par sa disparition. "Nous croyons en la vie éternelle", voilà ce que proclame la tragédie tandis que la musique donne l'idée immédiate de cette vie... Dans l'art dionysiaque et dans son symbolisme tragique, c'est la même nature qui nous parle de sa voix vraie et non déguisée : "Voyez-moi telle que je suis ! Sous l'incessante variation des phénomènes, je suis la Mère primitive, éternellement créatrice, qui contraint éternellement l'être à l'existence et se satisfait éternellement de l'inépuisable variété des phénomènes"... » (*Naissance de la tragédie*, § 16.)

En quoi Nietzsche aurait bien entendu voté comme Midas, pour les Satyres, et contre la musique anti-musicale d'Apollon :

« La musique d'Apollon était une architecture sonore d'ordre dorique, mais dont les sons étaient fixés d'avance, tels ceux des cordes de la cithare. Le caractère de la musique dionysienne, et en vérité de toute musique considérée dans son essence véritable, en fut soi-

Apollon citharède (à la lyre). Marbre, œuvre romaine, IIe siècle ap. J.-C.
Provenance : temple d'Apollon à Cyrène (actuelle Libye).

gneusement exclu, comme non apollinien : en furent donc exclus la violence émouvante du son, le torrent unanime du mélos et le monde incomparable de l'harmonie... » (*Naissance de la tragédie*, § 2.)

Précisons que le mot « harmonie », ici, doit bien entendu s'entendre au sens d'une fusion des sons dans un grand continuum, pas au sens d'un accord mathématique, rationnel, délicat et doux tel que celui qui peut le cas échéant résulter des notes singulières de la cithare d'Apollon.

Et plus loin (§ 17) : « **La musique véritablement dionysienne nous apparaît comme le miroir de la Volonté du monde** », tandis que la musique apollinienne n'est qu'une fausse musique, une musique qui reste dans le domaine de la représentation claire, qui appartient donc encore paradoxalement bien davantage au monde des arts plastiques qu'au domaine musical proprement dit – ce pourquoi Nietzsche l'appelle « peinture musicale », c'est-à-dire musique qui, trahissant sa propre essence, n'est plus vraiment musique. C'est cette trahison qui advient selon Nietzsche au grand jour avec la musique qui accompagne les dithyrambes dans les pièces d'Euripide. Selon lui, à la différence de celles d'Eschyle et de Sophocle, elles marquent à la fois la fin du vrai tragique grec et la victoire de la morale socratique contre de la musique apollinienne sur Dionysos :

« La peinture musicale est donc à tous égards la parodie de la puissance mythique de la vraie musique... Ce fut une éclatante victoire de l'esprit anti-dionysien lorsqu'il réussit, avec le développement du nouveau dithyrambe, à rendre la musique étrangère à sa propre nature pour la réduire à être l'esclave du phénomène. Euripide, qui dans un sens plus élevé, doit être défini comme une nature ab-

solument anti-musicale, est pour cette raison précisément, un partisan enthousiaste de la nouvelle musique dithyrambique… »

Du coup, c'est tout le charme de la tragédie qui disparaît, car ce charme, éclatant chez Eschyle et même encore Sophocle, tenait au fait que la mort du héros était vécue, non comme une horreur, mais ainsi que l'avait compris la philosophie schopenhauerienne, comme un retour à la vérité de la vie, comme une mise en échec du fallacieux principe d'individuation, comme une déconstruction des illusions de l'ego personnel, donc comme un retour finalement heureux dans le giron de l'harmonie musicale de la vie universelle :

« Apollon, dieu éthique, réclame des siens la mesure et, pour qu'ils puissent s'y tenir, la connaissance d'eux-mêmes. C'est pourquoi le "connais-toi toi-même" et le "rien de trop" font pendant à l'exigence esthétique, tandis que l'excès d'orgueil et la démesure, démons entre tous ennemis de la sphère apollinienne, furent considérés comme l'apanage des temps pré-apolliniens, de l'âge des Titans, ou du monde extra-apollinien, c'est-à-dire barbare… Imaginons l'effet que la fête dionysiaque, avec ses ensorcelantes musiques, produisit sur ce monde artificiellement protégé, édifié sur l'apparence et la mesure… Imaginons ce que pouvait signifier, en face de ces démoniaques chants populaires, l'artiste apollinien, avec sa psalmodie et les exsangues sonorités de sa lyre… La démesure se révéla comme vérité, la contradiction, la joie née de la douleur parlèrent un langage jailli du cœur de la nature. De sorte qu'en tous lieux conquis par le dionysiaque l'apollinien fut aboli et détruit[8]. »

8. *Naissance de la tragédie*, § 4.

Dans un aphorisme plus tardif, qui devait figurer dans son livre inachevé, la *Volonté de puissance*, Nietzsche est resté finalement assez largement fidèle à sa première lecture du tragique grec :
« Le mot “dionysiaque” exprime le besoin de l’unité, tout ce qui dépasse la personnalité, la réalité quotidienne, la société, la réalité, l’abîme de l’éphémère ; un sentiment qui se gonfle et déborde passionnément, douloureusement, s’épanche dans des états plus obscurs, plus pleins, plus flottants, une affirmation extasiée de l’existence dans son ensemble, toujours égale à elle-même à travers tous les changements, également puissante, également bienheureuse ; la grande participation panthéiste à toute joie et à toute peine qui accepte même les qualités les plus effroyables et les plus équivoques de l’existence et les considère comme sacrées ; l’éternelle volonté d’engendrer, de porter du fruit et de naître ; le sentiment de l’union nécessaire entre la création et la destruction.
Le mot “apollinien” exprime le besoin de s’accomplir en soi-même, d’être un individu type, le goût de tout ce qui simplifie, souligne, rend fort, distinct, net, caractéristique, la liberté sous la loi. L’évolution ultérieure de l’art est liée à l’antagonisme de ces deux forces naturelles, aussi nécessairement que l’évolution de l’humanité est liée à l’antagonisme des sexes. La force surabondante et la mesure, la force suprême de l’affirmation de soi dans une beauté froide, aristocratique, distante : apollinisme de la volonté grecque... »

On retrouvera finalement dans la dernière philosophie de Nietzsche, et notamment dans ce qu’il appelle le « grand style », c’est-à-dire l’union des deux types de forces qui composent le fond du réel, les forces actives et les forces réactives, un avatar de sa première lecture du tragique grec. Mais n’allons pas si loin ici. Je renvoie mon lecteur qui serait intéressé à prolonger cette réflexion au chapitre que j'ai consacré à l'œuvre de Nietzsche dans mon livre, *Sagesse d'hier et d'aujourd'hui.*

DEUX REMARQUES EN GUISE DE CONCLUSION

La première, c'est que, comme nous l'avons vu de manière assez claire, le thème du concours musical n'est pas anecdotique, mais essentiel dans la mythologie, et ce pour une raison de fond : la musique est double, apollinienne ou dionysiaque selon qu'elle choisit de mettre délicatement ensemble des sons justes ou, au contraire, de rester dans le flou, dans l'*apeiron*, jusqu'à cette limite extrême qu'est la dissonance. En quoi la douceur des accords de la lyre et le cri rauque de la flûte de Pan s'opposent bien diamétralement comme cosmos et chaos, comme les forces titanesques primitives au monde ordonné créé par Zeus. Lorsqu'elle met au cœur de l'art le souci de la note « juste », des accords bien identifiés, la musique peut être une métaphore ou, pour mieux dire, une évocation symbolique du cosmos, ou, comme Nietzsche l'écrit lui-même, « *une réplique et une seconde version de l'univers*[9]. » Mais tout à l'inverse, quand elle emprunte au dionysiaque, qu'elle devient rustique, brutale et sensuelle, c'est le « monde du vouloir » qu'elle incarne, en quoi on pourrait poser l'équation suivante :

– lyre d'Apollon = musique cosmique = monde de la représentation ;

9. Ibid., § 5.

– flûte de Pan = musique dionysiaque anti-cosmique, chaotique et titanesque = monde du vouloir.

Dans l'opposition entre Apollon et Dionysos (ici ce sont les représentants de ce dernier, Pan ou Marsyas, qui sont mis en scène, mais tout le monde comprend qu'il s'agit de faux nez, de personnages qui ne font que représenter Dionysos), c'est donc bien à nouveau, comme toujours depuis les origines du monde, la question du chaos et du cosmos, du titanesque chaotique et de l'olympien cosmique, qui est en jeu. Et malgré tout, telle est ma seconde et dernière remarque, même si les deux univers divins, celui, harmonieux et calme symbolisé par Apollon et celui, contradictoire et déchiré, que représente Dionysos, s'opposent radicalement, ils sont en vérité inséparables : sans l'harmonie cosmique, le chaos l'emporte et tout est dévasté, mais sans le chaos, l'ordre cosmique se fige et toute vie, toute histoire disparaissent. Telle est du reste, cela dit au passage, la raison pour laquelle ce métèque de Dio-

DANS L'OPPOSITION ENTRE APOLLON ET DIONYSOS, C'EST DONC BIEN À NOUVEAU, COMME TOUJOURS DEPUIS LES ORIGINES DU MONDE, LA QUESTION DU CHAOS ET DU COSMOS, DU TITANESQUE CHAOTIQUE ET DE L'OLYMPIEN COSMIQUE, QUI EST EN JEU

nysos siège sur l'Olympe malgré tous ses évidents défauts. C'est cette impossible séparation, cette union indispensable que la tragédie met en scène. Si l'on voulait pousser cette logique schopenhauerienne jusqu'à son terme, on pourrait dire que c'est en mourant que l'individu revient à la Vie – en quoi la mort cesse d'effrayer le sage. Et c'est cette consolation que la musique met en scène, du moins quand elle n'est pas une simple « peinture musicale ».

Luc Ferry

Pan joue de la flûte, accompagné d'une nymphe à la lyre,
Pompéi, fresque du Ier siècle av. J.-C.

POUR ALLER PLUS LOIN

GLOSSAIRE

APOLLON

● Fils de Zeus et de Léto, frère jumeau d'Artémis, Apollon est assurément le plus beau des dieux, l'un des plus intelligents aussi, et le plus doué dans le domaine de la médecine et de la musique. Secondé par les neuf Muses dans son rôle de dieu de la mesure et de l'harmonie, Apollon doit sans cesse rappeler aux hommes qu'ils doivent faire justement preuve d'harmonie, de modération. Il est l'inspirateur du plus fameux des oracles, celui de Delphes, et les messages gravés au fronton de son temple sont peut-être les plus cruciaux de toute la culture grecque : « Connais-toi toi-même » et « Rien de trop. »

ASCLÉPIOS

● Même si Apollon est l'un des plus beaux dieux de l'Olympe, ses amours n'en ont pas pour autant été toujours heureuses, que ce soit par exemple avec Cassandre qui finit par se refuser à lui ; ou avec la Nymphe Daphné qui, elle aussi, préfère lui échapper et se fait transformer en un laurier avec lequel le dieu choisit alors de se tresser une couronne qui deviendra son emblème. Coronis, la jeune fille qui est enceinte de lui et qui le trompe avec un simple mortel, provoque le courroux d'Apollon : il la tue d'une flèche, mais fait en sorte de sauver l'enfant qu'elle porte, Asclépios. Son père le confie alors au Centaure Chiron qui lui enseigne l'art de soigner les gens : Asclépios deviendra le dieu de médecine. Mais pour avoir péché par hybris, pour avoir voulu ramener des défunts à la vie, et avoir ainsi tenté de bouleverser l'ordre cosmique, Zeus le punit et mit fin à sa vie en le foudroyant.

ATHÉNA

● Zeus a avalé Métis, sa première femme alors enceinte, de peur que son enfant, si c'était un fils, ne lui prenne sa place. Et c'est ainsi qu'Athéna serait née directement de la tête de Zeus, dont elle est la fille préférée, celle qui, de tous ses enfants, lui ressemble le plus. Divinité de la guerre, mais plus intelligente, plus forte et plus rusée que ne l'est Arès, son frère, Athéna est également la déesse des arts, des techniques et de l'intelligence que symbolise son oiseau fétiche, la chouette, qui voit dans l'obscurité. Dans le récit de Platon, Prométhée dérobe ces arts, ces techniques, pour les donner aux hommes, provoquant ainsi le courroux de Zeus et son châtiment terrible. D'après le poète grec Pindare, Athéna, à la suite de la mort de la Gorgone Méduse, aurait conçu l'aulos, cette sorte de hautbois à deux tuyaux dont elle décide pour finir de se séparer, tant son visage devient laid quand elle en joue. Le Satyre Marsyas retrouve l'aulos en question et, fort de ses prouesses musicales, affronte Apollon dans un concours qui, lui coûtera la vie.

DIONYSOS

● Voici là le plus singulier de tous les dieux ! Fils de Zeus et de la princesse thébaine Sémélé, Dionysos est arraché des entrailles de sa mère alors que cette dernière achève de se consumer pour avoir voulu regarder Zeus, follement lumineux, dans toute sa réalité. Ce dernier coud alors le fœtus dans sa cuisse pour mener la gestation à terme, d'où l'origine de l'expression : « Être né de la cuisse de Jupiter. » Dionysos est le dieu de la fête, du vin, de la folie. Avec ses yeux en amande, son teint de métèque, il est avant tout un être de dissonance, de dysharmonie, suivi en permanence par un cortège composé de Ménades et de Satyres.

HERMÈS

● Fils de Zeus et de la nymphe Maïa, Hermès est le messager de Zeus, son intermédiaire dans tous les sens du terme (il est d'ailleurs à ce titre aussi bien le dieu des journalistes que celui des commerçants ou des voleurs.) Interprétant les ordres de Zeus, il a par ailleurs donné son nom à l'« herméneutique », la science de l'interprétation des textes. Hermès avait fait montre d'une prodigieuse précocité, le jour même de sa naissance, en jouant de la lyre – qu'il a fabriquée avec la carapace d'une tortue et les boyaux d'une vache – et en dérobant les bœufs de son frère Apollon. C'est ainsi que Zeus peut compter sur son ingéniosité pour venir à bout d'Argos, le gardien aux cent yeux chargé de veiller sur Io, jeune prêtresse d'Héra dont le roi de l'Olympe est amoureux. Hermès, le Messager, mènera sa tâche à bien en devenant le « tueur d'Argos » !

LYRE

● La lyre a été offerte à Apollon par son frère Hermès pour se faire pardonner de lui avoir volé ses bœufs sacrés. Fabriquée avec une carapace de tortue est des cordes en boyaux, la lyre a comme caractéristique principale la musique harmonieuse qui en sort. On peut en tirer des accords harmonieux, les notes sont justes. La musique ainsi produite est cosmique, civilisée, à l'inverse de celle de la flûte de Pan, de la syrinx, qui ne produit qu'une note à la fois. De cette flûte de Pan, instrument chaotique né à la suite de la transformation de la nymphe Syrinx qui voulait échapper aux assauts de Pan, ne peuvent effectivement naître que des sons indistincts, un peu à l'image du chaos initial.

MIDAS

● Midas, roi Phrygie, est avant tout animé par une bêtise et par une cupidité sans pareilles. C'est ainsi qu'il compte bien mettre à profit le service qu'il a rendu à Silène, père nourricier de Dionysos, égaré à la suite de libations trop excessives, et qu'il ramène auprès du dieu de la fête. Ce dernier, reconnaissant, veut en effet le remercier de lui avoir ramené Silène et exauce alors le souhait de Midas de pouvoir transformer en or tout ce qu'il touchera. Midas ne réalisera qu'après coup l'immense bêtise du souhait en question… Par la suite, Midas s'avisera également, fort mal à propos, de prendre le parti de Pan, lors d'un concours musical l'opposant à Apollon. Pour punir Midas, Apollon, en juste proportion du crime commis, l'afflige d'oreilles d'âne...

MUSES

● Filles de Zeus et de la Titanide Mnémosyne, les Muses sont le fruit des neuf nuits d'amour que Zeus a passées avec sa tante. Divinités de la musique, et de ce fait au service du dieu Apollon qui règne sur tous les arts musicaux, les Muses sont également les divinités de la parole juste. Quand elles s'expriment, elles tiennent des propos qui adoucissent les conflits et assurent l'harmonie indispensable. Il y a selon les légendes deux groupes de Muses : celles de Thrace, dédiées à Dionysos, à une musique chaotique ; et celles de Béotie en revanche dédiées à Apollon, et dont la musique est à la fois douce et harmonieuse, en un mot une musique apollinienne et cosmique.

OLYMPE

● Le mont Olympe est la plus haute montagne de Grèce, avec un sommet qui culmine à 2 917 mètres. Ce sommet étant invisible, caché par les nuages ou sous la neige, les Anciens se sont ainsi figurés que c'était là que siégeaient les dieux, Zeus à leur tête, festoyant et contemplant le monde. Homère dépeint cet Olympe comme l'endroit par excellence où les dieux, à l'abri des intempéries, vivaient dans le plus parfait bonheur, s'immisçant pour leur loisir dans les destins des hommes.

PACTOLE

● Dionysos, après avoir accepté de délivrer Midas du don fatal qu'il lui a octroyé – le pouvoir de transformer en or tout ce qu'il toucherait –, lui recommande également d'aller se laver dans les eaux du Pactole. Ce fleuve d'Asie Mineure, qui depuis charrie des paillettes d'or, est devenu symbole de richesse. Là se trouve l'origine de l'expression « Toucher le Pactole ».

PAN

● Pan ou Égipan (son autre nom selon les versions) est l'un des enfants du dieu Hermès. Il est connu comme le dieu des bergers et des troupeaux. Il serait aussi l'inventeur d'une flûte confectionnée à partir de sept roseaux, flûte qu'il nomme « syrinx », du nom de la nymphe dont il était tombé amoureux, mais qui s'était changée en roseau pour lui échapper. Pan, avec ses deux cornes sur la tête et son corps velu qui se termine par des pieds de bouc, suscite souvent chez les nymphes qu'il poursuit une peur « panique ».

SATYRES

● Les Satyres, assez proches des Silènes par leur aspect, sont des démons de la nature à la forme hybride. D'une laideur épouvantable, ils sont représentés avec de grandes oreilles, de petites cornes et un buste humain prolongé soit par le corps d'un cheval, soit par celui d'un bouc. Ils font partie des compagnons de Dionysos, de ceux qui se trouvent toujours dans son cortège, et partagent les activités habituelles que sont la boisson, la danse, les acrobaties et les assauts érotiques, la plupart du temps dirigés contre les Ménades ou autres jeunes nymphes.

SILÈNE

● Silène, dieu de second rang, fait partie du cortège qui accompagne Dionysos. Son statut est cependant un peu à part, car c'est à lui que Zeus a confié l'éducation de son jeune fils, Dionysos, dont il est ainsi le père nourricier. Silène est un personnage fort laid : avec ses oreilles de cheval et ses pieds de bouc, il ressemble au dieu Pan et aux Satyres, mais il est également pourvu d'un très gros ventre, représenté en général tourné vers le ciel une fois que le dieu s'est assoupi, terrassé par l'ivresse qui le saisit souvent... Mais Silène est par ailleurs, et cependant, réputé pour être fort sage, ce pourquoi Zeus l'a chargé d'élever Dionysos. Cette ambivalence fait de lui, par excellence, un personnage cosmique et chaotique à la fois.

TITANS

● Au nombre de douze, six hommes et six femmes (les Titanes ou Titanides), les Titans, enfants d'Ouranos et de Gaïa, font partie de la première génération divine. Le plus jeune d'entre eux, Cronos, donnera naissance à la génération des Olympiens. Ces êtres d'une force colossale, très proches du chaos original, sont avant tout dédiés à la guerre et à la violence. Ils perdent cependant le combat qui les oppose à Zeus et se retrouvent enchaînés dans le Tartare, gardés par le chien Cerbère et par les Hécatonchires.

TYPHON

● Typhon est le monstre terrible que Gaïa engendre avec Tartare et qui est sans doute, de tous les monstres que Zeus va devoir affronter dans le but d'instaurer un cosmos harmonieux, le plus redoutable et le plus terrifiant : si grand qu'il dépasse toutes les montagnes et que sa tête même se cogne aux étoiles, tandis que ses bras enveloppent les pôles. Typhon est finalement vaincu par Zeus, écrasé par le mont Etna que le roi de l'Olympe a lancé sur lui. Il serait le père d'une quantité impressionnante de créatures monstrueuses, notamment d'une partie de celles qu'Héraclès devra affronter au cours de ses douze travaux.

Brigitte de Zélicourt

EXPRESSIONS MYTHOLOGIQUES

TOUCHER LE PACTOLE

● Pactole (*Paktôlos*, en grec) fut d'abord le nom d'une rivière (aujourd'hui le Sart Çay) confluant avec l'Hermos dont le nom actuel est Gediz, en Turquie. Le Pactole traversait le royaume de Lydie. La légende nous dit que, sur les conseils de Dionysos, Midas, roi de la Phrygie voisine, s'y lava les mains pour conjurer le vœu qu'il avait bien imprudemment émis et que ce fourbe de Dionysos avait exaucé : transformer en or tout ce que le souverain phrygien touchait... tout, y compris, funeste imprévoyance, aliments et boissons. C'est à la suite de cet épisode que le Pactole se mit à rouler des sables aurifères, ce qui lui valut le surnom de *Khrusorrhoas*, « fleuve qui roule de l'or ». L'infortune du roi de Phrygie fit la fortune du roi de Lydie qui se trouva vite en possession d'une immense richesse et sous son règne (561-542 avant J.-C.), cette ancienne contrée de l'Asie Mineure connut l'opulence.
Au fait, quel est le nom du souverain lydien ? Crésus, bien sûr !

TAQUINER (COURTISER) LA MUSE

● Encore une progéniture de Zeus, dieu des dieux, puissant à plus d'un titre. Sa partenaire fut, pour la circonstance, Mnémosyne, l'une des Titanides, personnification de la Mémoire (du grec *mnêsia*, « mémoire », présent dans « amnésie », et *mnêmôn*, « qui se souvient », que l'on retrouve dans « mnémotechnique ».) L'union du couple ne dura pas moins de neuf nuits consécutives, union qui engendra les neuf Muses, divinités présidant aux arts et aux sciences comme nous le précise Hésiode dans sa *Théogonie* : « Dans la Piérie, Mnémosyne, qui régnait sur les collines d'Éleuthère, unie au fils de Saturne, mit au jour ces vierges qui procurent l'oubli des maux et la fin des douleurs. Durant neuf nuits, le prudent Zeus, montant sur son lit sacré, coucha près de Mnémosyne, loin de tous les Immortels. Après une année, les saisons et les mois ayant accompli leur cours et des jours nombreux étant révolus, Mnémosyne enfanta neuf filles animées du même esprit, sensibles au charme de la musique et portant dans leur poitrine un cœur exempt d'inquiétude ; elle les enfanta près du sommet élevé de ce neigeux Olympe où elles forment des chœurs brillants et possèdent des demeures magnifiques » (52-68, traduction d'Anne Bignan).
Les neuf Muses (en grec, *Mousai*) se réunissaient autour de la fontaine d'Hippocrène, la « fontaine du cheval » que Pégase, le cheval ailé, avait fait jaillir d'un coup de sabot et dont les eaux étaient réputées susciter l'inspiration poétique.
Citer les neuf Muses fait partie de ces exercices de mémoire dont certains érudits raffolent (avec la liste des planètes du système solaire, les préfectures des départements, les sept péchés capitaux, etc.). Les voici, suivant l'ordre d'Hésiode :
– Clio, du grec *kleos*, « bruit, gloire », muse de l'épopée puis de l'histoire ;
– Euterpe, du grec *euterpês*, « charmant », muse de la musique et du chant ;

– Thalie, du grec *thaleia*, « florissante, abondante », muse de la comédie et de la poésie légère ;
– Melpomène, du grec *melos*, « mélodie», muse du chant et de l'harmonie puis de la tragédie ; elle donna naissance aux sirènes ;
– Terpsichore, du grec *terpsikhoros*, « qui aime les danses », muse de la danse, de la poésie lyrique et des chœurs dramatiques ;
– Érato, du grec *erann*, « aimer» (même racine que dans Érôs), muse de la poésie amoureuse ;
– Polhymnie, du grec *-poly*, « plusieurs » et *humnos*, « hymne, chant religieux », muse de la pantomime, de l'harmonie, de l'orchestique (gestique théâtrale) puis de la rhétorique ;
– Uranie, *Ourania*, « la céleste », féminin du grec Ouranos (le Ciel), muse de l'astronomie ;
– Calliope, du grec *Kalliopê*, « qui a une belle voix », muse de l'éloquence et de la poésie épique, la première-née et, selon Hésiode, « la plus puissante de toutes » ; la tradition en fait la mère d'Orphée.

Celui qui *taquine la muse* (en l'occurrence, Thalie ou Terpsichore) se pique de faire de la poésie (en amateur). L'expression est souvent employée avec un soupçon d'autodérision (« je suis poète à mes heures mais ne me prends pas au sérieux ! ») ou de moquerie.

UN ROSSIGNOL D'ARCADIE

● Géographiquement parlant, l'Arcadie était une contrée de la Grèce antique située au centre du Péloponnèse. D'un point de vue mythologique, elle était gouvernée par Lycaon, dont la fille Callisto fut séduite par Zeus. De cette union naquit Arcas qui donna son nom à la région. L'Arcadie était aussi le séjour des Nymphes poursuivies des assiduités de Pan, roi des Satyres et dieu des bergers, que l'on voit dans certains tableaux donner aux ânes d'Arcadie des leçons de musique. Dans ce fantastique pays, les montagnes, fréquentées par les dieux, se nommaient Érymanthe et Lycée. Maint poème d'Ovide ou de Virgile, présente l'Arcadie comme le pays du bonheur simple, lieu idyllique peuplé de bergers*, celui-là même où l'on plaçait l'Âge d'or.

Les pâturages de cette région de Grèce sont toujours propices à l'élevage, mais les troupeaux d'aujourd'hui n'ont plus la réputation de ceux d'autrefois quand les ânes y étaient estimés pour leur force et leur taille, que Strabon qualifiait d'extraordinaires. On comparaît ces ânes à des chevaux de charge, ceux que l'on appelle « roussins ». Le surnom de « roussins d'Arcadie » leur fut donc attribué. À tout seigneur, tout honneur : l'âne symbolisant depuis toujours la stupidité, les Grecs et les Romains assimilèrent les très sots et les très ignorants aux roussins d'Arcadie. La ressemblance phonique fit le reste : le roussin se transforma en rossignol (on a dit « roussigneul » au XIXe siècle) et le rossignol d'Arcadie est devenu, *ipso facto*, la métaphore du mauvais chanteur.

*De la Renaissance au XVIIe siècle, des cénacles littéraires et artistiques italiens, fondés sur les idéaux esthétique et politique de la Grèce antique, prirent le nom d'Arcadies.

Par Jean Maillet, d'après *500 expressions populaires* (Éditions de l'Opportun)